WOLFGANG TRILLHAAS

EINFÜHRUNG IN DIE PREDIGTLEHRE

W0321971

DIE THEOLOGIE

Einführungen in Gegenstand, Methoden und Ergebnisse
ihrer Disziplinen und Nachbarwissenschaften

WISSENSCHAFTLICHE BUCHGESELLSCHAFT
DARMSTADT

WOLFGANG TRILLHAAS

EINFÜHRUNG IN DIE PREDIGTLEHRE

WISSENSCHAFTLICHE BUCHGESELLSCHAFT
DARMSTADT

CIP-Titelaufnahme der Deutschen Bibliothek

Trillhaas, Wolfgang:
Einführung in die Predigtlehre / Wolfgang Trillhaas. –
4., unveränd. Aufl. – Darmstadt: Wiss. Buchges.,
1989
(Die Theologie)
ISBN 3-534-06691-X

Bestellnummer 06691-X

Das Werk ist in allen seinen Teilen urheberrechtlich geschützt.
Jede Verwertung ist ohne Zustimmung des Verlages unzulässig.
Das gilt insbesondere für Vervielfältigungen,
Übersetzungen, Mikroverfilmungen und die Einspeicherung in
und Verarbeitung durch elektronische Systeme.

4., unveränderte Auflage 1989
© 1974 by Wissenschaftliche Buchgesellschaft, Darmstadt
Satz: Maschinensetzerei Janß, Pfungstadt
Druck und Einband: Wissenschaftliche Buchgesellschaft, Darmstadt
Printed in Germany
Schrift: Linotype Garamond, 9/11

ISSN 0174-1063
ISBN 3-534-06691-X

UNIVERSITATI HELSINGIENSI
NEC NON
ALMAE MATRI RUDOLFINAE VINDOBONENSI
EARUMQUE THEOLOGORUM
EVANGELICORUM ORDINIBUS
QUI ME
DOCTORIBUS SUIS HONORIS CAUSA
ADSCRIBERE DIGNATI SUNT
HOC OPUSCULUM
SIT SACRUM

INHALTSVERZEICHNIS

Vorwort IX

I. Kapitel: Aufgabe und Grenzen der Predigtlehre . . . 1
1. Eigentümlichkeit der Predigtlehre als Wissenschaft . 1
2. Unabhängigkeit von der Dogmatik 2
3. Grenzen der Predigtlehre 5

II. Kapitel: Die Predigt und ihre Hörer 8
1. Der Blick auf die Hörer 8
2. Ambivalenz der Gemeindepredigt 9
3. Fremdlinge und Skeptiker 11
4. Der einzelne als Hörer 14
5. Dialogformen 16

III. Kapitel: Predigt und Schrift 20
1. Historisches 20
2. Mißverständnisse der Textbindung 21
3. Freiheit der Predigt 22
4. Gründe für die Textbindung 22

IV. Kapitel: Probleme der Textpredigt 25
1. Tradition der Texte und Neuheit des Evangeliums . 25
2. Die hermeneutische Aufgabe 26
3. Übergang zur Predigt 31
4. Zur Predigt über alttestamentliche Texte 32
5. Meditation 34

V. Kapitel: Predigt und Kirche 39
1. Predigt als Auftrag der Kirche 39
2. Kirche als Wirkung der Predigt 44
3. Kirche als Thema der Predigt 45

VI. Kapitel: Der Prediger 48
1. Legitimation und Qualifikation zur Predigt 48
2. Die Selbstfindung des Predigers 49

3. Zeichen innerer Unsicherheit: Polemik und Apologetik 51
4. Kommunikation 52

VII. Kapitel: Die Predigt und ihre Zeit 56
1. Die Predigt ist immer zeitgebunden 56
2. Ist die Predigt als solche noch zeitgemäß? 57
3. Der Einfluß der Massenmedien auf den Wandel der Predigt 59
4. Die Predigt und der Geist der Zeit 63

VIII. Kapitel: Die Predigt aus besonderem Anlaß (Kasualpredigt) 69
1. Der Begriff der Kasualien 69
2. Verfänglichkeiten der Situationen 70
3. Der Text als Hilfe 71
4. Regeln für alle Fälle 72
5. Die Chance des Kasuellen 73

IX. Kapitel: Vernunftregeln für die Predigt 75
1. Was heißt Vernunftregel? 75
2. Formale Ordnungsregeln öffentlicher Rede 76
3. Kriterien der Verstehbarkeit von Predigt 78
4. Das Argument in der Predigt 82

X. Kapitel: Sprachprobleme der Predigt 87
1. Die Predigt in der Sprachkrise 87
2. Predigt in Umgangssprache 90
3. Predigt als religiöse Sprache 94
4. Die Verantwortung der Predigt und ihre Notwendigkeit 98

Register 101

VORWORT

Die Predigt ist die ganz und gar gegenwartsgebundene Rede, in welcher der christliche Glaube, das „alte“ Evangelium im Horizont des heutigen Bewußtseins für die christliche Gemeinde ebenso wie für die Gesellschaft zur Aussage kommen soll. Die verschiedenen Disziplinen der christlichen Theologie mögen an dieser einzigartigen Sendung der christlichen Predigt zwar ihre Ausrichtung, ihren letzten Zweck erkennen, aber sie können die Predigt nicht ersetzen, sie können nicht in deren Verantwortung eintreten. Indessen bringt es erst die Predigt an den Tag, ob diese Theologie überzeugend ist, sie bringt es an den Tag, welche religiöse Kraft in der Kirche selbst lebendig ist und in welchem Maße sich die Christenheit mit dem Bewußtsein ihrer Zeit verständigen kann. Ohne die Predigt — den Begriff im weitesten Sinne genommen — verstummt die Christenheit und verstummt die Botschaft, welche ihr aufgetragen ist.

Die Predigtlehre, also die Homiletik nach traditionellem Sprachgebrauch, ist die Wissenschaft von dieser Aufgabe der Predigt. Sie ist keine Tatsachenwissenschaft. Aber ihre eigentümliche Schwierigkeit liegt nicht nur darin. Zur Bewältigung ihrer Aufgabe als Predigtlehre fließen besondere Traditionen und Erfahrungen zusammen; Folgen aus der Lehre von der Kirche und, was den Inhalt der Predigt betrifft, Folgen aus der kritischen Bibelwissenschaft kommen hinzu. Die Schwierigkeit wird dadurch gesteigert, daß sich die Aufgabe der Predigt und damit dann auch der Lehre von der Predigt in jeder Generation bei gleichbleibender Rahmenproblematik neu stellt und dies zuweilen unter tiefgreifend veränderten Bedingungen.

Ich habe versucht, dieses für das Christentum schicksalsträchtige Problemfeld gewissenhaft abzuschreiten und auszuloten. Wenn der Prediger selbst und der, der sich auf den Predigtdienst zurüstet, seine Probleme in dieser Einführung in die Predigtlehre wiedererkennt, dann ist das Mögliche erreicht.

„Einführung“ deutet freilich auf Kürze. Diese Kürze kommt in Einschränkungen in vierfacher Hinsicht zum Ausdruck. Ich lasse erstens die Geschichte der Predigt aus dem Spiel. Zweitens habe ich die Beispiele auf das unvermeidliche Maß eingeschränkt, oft auch nur durch Anspielungen der Phantasie bzw. der Erinnerung an Erfahrungen des

Lesers anheimgegeben. Predigtbeispiele und Modelle sind an ihre Stunde gebunden und veralten rasch. Auch soll dieses kleine Buch nicht dazu verleiten, aus der Hand in den Mund zu leben, sondern nachzudenken. — Drittens können angrenzende Problembereiche nur eben sichtbar gemacht werden. Es ist nicht möglich, sie im ganzen Umfang zur Darstellung zu bringen und ihre Probleme auch hier zu diskutieren. Nach der einen Seite, der gesamttheologischen, betrifft das vor allem die Praktische Theologie in ihrem ganzen Umfang, die Lehre von der Kirche (Ekklesiologie), die Lehre vom Amt, die Liturgik und die biblische Hermeneutik. Nach der anderen Seite vor allem die Religions- und Kirchensoziologie und die Sprachphilosophie. Ich hoffe dennoch, der Leser möge empfinden, wie diese Predigtlehre überall in größeren Zusammenhängen steht und zu ihnen hin offen ist. — Schließlich die Literatur. Angesichts des Übermaßes der literarischen Produktion ist Vollständigkeit der Hinweise und Bezugnahmen ohnehin nicht zu erwarten. Ältere Literatur ist nur insoweit verzeichnet, als in dem betreffenden Sachgebiet seither keine bessere Arbeit die vorausgegangene überholt hat. Dies ist vor allem bei historischen Werken der Fall. Repräsentative Hauptschriften haben vor ephemeren und vor nur schwer erreichbaren Artikeln den Vorrang. Im großen und ganzen meine ich, den heutigen Stand der wichtigen Literatur zur Sache erkennbar gemacht zu haben.

Die vorliegende Einführung ist gegenüber meiner ›Evangelischen Predigtlehre‹ (München 1935, 5. Aufl. 1964) eine völlig neue Konzeption. Ihr theologischer Charakter soll nicht darin bestehen, daß sie einem bestimmten (dogmatischen) Prinzip folgt, von dem dann alles Folgende abhängig wäre; die Theologie liegt vielmehr im Detail der Praxis selbst. Neue Aspekte unserer Zeit schärfen den Blick dafür, sie dort zu entdecken. Aber das Neue und das Uralte lassen sich oft nur schwer unterscheiden. Eins liegt im anderen verborgen. Aber es wird uns nur als das Neue offenkundig und dringlich. Und das Neue ist dann eben nicht mehr nur das Alte.

Göttingen, im Januar 1974 W. Trillhaas

I. Kapitel

AUFGABE UND GRENZEN DER PREDIGTLEHRE

1. Eigentümlichkeit der Predigtlehre als Wissenschaft

Homiletik — der ältere Name für Predigtlehre — bezeichnet die wissenschaftliche Beschäftigung mit der christlichen bzw. mit der kirchlichen Predigt. Sie ist ein zentraler Teil der „praktischen Theologie", sehr viel älter als diese, die erst durch Fr. D. Schleiermacher zum wissenschaftlichen Bewußtsein erweckt worden ist. Der Name kommt von „homilein" (griechisch), was soviel wie „Umgang pflegen, verkehren, sich unterhalten" bedeutet, wodurch die Predigtlehre also gewissermaßen zu einer Lehre vom Dialog erklärt wird. Die Predigt ist, wie immer man sie auffassen mag, so alt wie die Kirche selbst, sie begleitet ihre Geschichte, sie ist das Element der Mission, wie sie in jeder Epoche der deutlichste, freilich auch unendlich wandlungsfähige Ausdruck des kirchlichen Bewußtseins ist, Gradmesser für die Aktualität und Fruchtbarkeit der zeitgenössischen Theologie, aber vor allem auch immer ein Mittelpunkt, um den sich die christliche Gemeinde sammelt, sofern die Predigt überzeugend und lebendig ist. So kann an der Gewichtigkeit der Homiletik um ihres Gegenstandes willen eigentlich kein Zweifel sein.

Und doch ist die Homiletik im Vergleich zu den anderen theologischen Fächern in einer besonders schwierigen Lage. Jede andere Disziplin der Theologie hat nämlich einen deutlich umrissenen Gegenstand: die Testamente, Bücher und Texte der Bibel, die kirchliche Literatur, Dokumente, die Geschichte der Kirche und der christlichen Lehre, schließlich die Glaubenslehren des Christentums, die Dogmen; alle diese Gegenstandsbereiche können in einem engeren und weiteren Horizont, sie können theologisch und „profan", also unter verschiedenem Interesse betrachtet werden, sie haben darum immer ihre eigentümliche Nachbarschaft zu profanen Wissenschaften. Selbst in der praktischen Theologie ist das so: Unerachtet ihres bewegten Problemgehaltes sind doch auch die Liturgik, das Kirchenrecht, Seelsorge und Religionspädagogik auf ein deutlich definiertes Gebiet, auf einen Sachbereich bezogen. Aber die Homiletik beschäftigt sich ganz wesentlich mit einer Aufgabe. Die Geschichte der christlichen Predigt ist immer nur ein Teil der Kirchengeschichte; sie ist um so problematischer, als sie ja seit ältesten Tagen bis in unsere Gegenwart hinein immer nur die „literarische Predigt" untersucht, und das bedeutet eine minimale Beispielsammlung aus dem unübersehbaren Meer der wirklich gehaltenen Predigten, die im übrigen im Abseits des historischen Bewußtseins bleiben. Natürlich kann man die Homiletik prinzipiell verstehen und an die Dogmatik anschließen — es wird davon noch die Rede sein —, man kann sie unter dem Stichwort „praktische Schriftauslegung" an die biblische Exegese anknüpfen; aber selbst das setzt schon eine bestimmte Auffassung von christlicher Predigt voraus. Immer bleibt die Homiletik in ihrem Kern die Wissenschaft von einer Aufgabe, eine Methodenlehre, bewegt von der in jeder Epoche neu und anders gestellten Frage: Wie sollen wir predigen, wann ist eine Predigt in Ordnung, was muß zu ihrer Wirksamkeit geschehen? Nur die Dringlichkeit des Bedürfnisses, das hier zur Sprache kommt, verdeckt die große Verlegenheit, welche darin liegt, daß ihr Wissenschaftscharakter fragwürdig ist.

Daraus ergeben sich die typischen, immer wieder fühlbar werdenden Mängel und Schwächen der Homiletik. Sie nährt sich nämlich aus zwei sehr verschiedenen, aber wissenschaftlich nur schwer faßbaren Quellen. Die eine ist der Glaube selbst. Der Gegenstand der Homiletik ist die Verkündigung des christlichen Glaubens und damit selbst Glaubenspraxis. Die andere Quelle ist die Erfahrung, sei es die der Prediger, sei es die der Predigthörer. Diese Erfahrung ist immer mehr oder weniger subjektiv, aus ihr wächst die Kritik, die Sammlung der Beispiele und Gegenbeispiele, die Ableitung von Erfahrungsregeln, und es kann nicht ausbleiben, daß sich oft die eindrucksvollsten und weithin wirksamen Lehrbücher der Homiletik wie eine bunte Sammlung heiterer Anekdoten, tiefsinniger Ratschläge und einprägsamer Beispiele lesen.

2. Unabhängigkeit von der Dogmatik

So wird diese Homiletik zwischen einem hohen Idealbild von christlicher Predigt, das sich natürlich dem Einsatz der Dogmatik verdankt, und der scharfen, erfahrungsgesättigten Kritik hin und her geschüttelt. Man kann dadurch leicht Ordnung und Methodik schaffen, daß man sie ganz und gar unter die Botmäßigkeit der Dogmatik stellt und sie aus dogmatischen Prinzipien entwickelt, wie das die große Leistung von K. Barth gewesen ist. Oder man behandelt sie nur formal, wie das schon im Humanismus geschehen ist, nämlich als eine theologische Sonderausgabe der Rhetorik, als Wissenschaft von der kirchlichen Redekunst.

Aber das eine ist so unbefriedigend wie das andere. Hinter der wissenschaftstheoretischen Überlegung verbirgt sich eine tiefgreifende sachliche Problematik. In der neueren evangelischen Theologie, angereizt durch Karl Barth, hat es sich wie eine Selbstverständlichkeit eingebürgert, die Lehre von der Predigt aus Grundgedanken der Dogmatik zu entwickeln. So hat die dogmatische Prinzipienlehre von der „dreifachen Gestalt des Wortes Gottes“ die Predigt als eben diese „dritte Gestalt“ zu einer nur noch dem Glauben zugänglichen Höhe aufgewertet. Man kann sie ebenso dadurch theologisch qualifizieren, daß man sie als den Ort versteht, an dem der Heilige Geist durch das lebendig gesprochene Wort in der Kirche waltet. Auch die vielfältig angewandte Devise „Vom Text zur Predigt“ ist dogmatischen Charakters; denn durch sie wird der Dienst an der Heiligen Schrift, den die Wissenschaft leistet, über die Meditation bis in die „Verkündigung“ hinein theologisch legitimiert. Und schließlich erhebt eben der nahezu abgenutzte Begriff der „Verkündigung“ selbst einen ungeheuren Anspruch, dem die tatsächliche Predigt nur in seltenen und glücklichen Momenten zu entsprechen vermag: denn er qualifiziert den Prediger zum vorauseilenden „Herold“ (κήρυξ) des kommenden Gottes, und er nimmt für die gehaltene Predigt eine kaum je zu bewährende „Neuheit“ in Anspruch. Ich sehe bei diesen Beobachtungen davon ab, daß noch andere grundsätzliche Differenzen bedeutungsvoll werden können, was dann eine für die Kirche insgesamt gültige Lehre von der Predigt in Frage stellen müßte. Sie betreffen die Legitimität des Predigers selbst. In welchem Auftrag predigt er? Im Auftrag des ihn unmittelbar treibenden Geistes, im Auftrag der Gemeinde, in deren Diensten er steht, oder im Namen eines kirchlichen Lehramtes, zu dem er ordiniert worden ist?

Durch die Aufmerksamkeit auf diese dogmatischen Differenzen wird aber die Tatsache in den Hintergrund gedrängt, daß die Thematik der Lehre von der Predigt immer gleich und von der verschiedenen prinzipiellen Grundlegung unabhängig ist. Geht man davon aus, daß die Predigt in jedem Falle die Form ist, in welcher der christliche Glaube zur Aussage kommt, so fügt sich dazu jede wechselnde Zielsetzung, jedes persönliche Glaubensinteresse und auch jede konfessionelle bzw. dogmatische Begründung der Predigtaufgabe.

Mit dem, was in der Kirche Predigt heißt, werden immer die verschiedensten Zwecke und Zielsetzungen verbunden. Die Predigt ist das sammelnde Wort Gottes, das die Kirche in aller Welt begründet. Das kann so gemeint sein, daß sie sich als einladendes Wort an die Menschen wendet, die sich nicht als Christen bekennen und keiner Kirche angehören. Oder es kann bedeuten, daß die Predigt die christliche Gemeinde von einem zum anderen Mal sammelt, um sie zu „erbauen", und das hieße dann: um sie in ihrem christlichen Bewußtsein zu erhalten, zu stärken und zu erneuern. Es ist nicht ganz dasselbe, wenn man die Predigt daran mißt, ob sie an ihren Hörern einen seelsorgerlichen Dienst ausrichtet. Heute wird zudem vielfach der Predigt ein politischer Zweck gesetzt. Sie soll zur Veränderung der Gesellschaft beitragen, also den Anbruch des Reiches Gottes ankündigen und befördern, das als reale Verwirklichung der Gerechtigkeit unter den Menschen verstanden wird.

Nun kann man natürlich nicht ohne weiteres eine dieser Zweckbestimmungen gegen die andere setzen. Wenn man aber aus einer solchen Zweckbestimmung der Predigt eine dogmatische Voraussetzung macht, wenn man sie absolut setzt, dann müssen sich auch die Predigtlehren voneinander trennen.

Läßt man aber diese Prinzipienfragen hinter sich, dann treten immer wieder dieselben Probleme zutage. Ich ziehe daraus den Schluß, daß diese uralten Predigtprobleme eigenen Rechtes sind. Sie werden zwar durch die dogmatischen Prinzipien immer in den Schatten gedrängt und geradezu als nur technisch-formale Fragen abgewertet. Aber aus den dogmatischen Voraussetzungen entsteht ein Idealbild, das etwas Utopisches annehmen kann und in das sich die tatsächlich gehaltene Predigt nicht mehr einfügt.

Die Probleme der Predigtlehre, welche sozusagen an der Basis ihres Vollzuges erwachsen, stellen indessen die eigentliche Wirklichkeit dar, mit der die Predigtlehre befaßt ist. Es handelt sich dabei um das Verhältnis von Predigt und Hörern, um die Verpflichtung der Predigt gegenüber dem biblischen Text, um die notvollen Erfahrungen des sog. Praktikers, um die Gefahren der Routine und um das Verhältnis der Predigt zur jeweiligen Gegenwart. Wie steht diese Predigt in der Öffentlichkeit, welches Maß von Aufgeschlossenheit zur Gesellschaft kommt ihr zu? In welchem Maße stehen die sog. Gemeindemäßigkeit und das Gegenwartsbewußtsein der Predigt in Korrespondenz?

Ich meine also, daß die Predigtlehre aus der Diktatur eines einheitlichen dogmatischen Prinzips losgekettet werden muß. Sie muß von unten her, vom Boden der Praxis aus entwickelt werden. Der Verlust systematischer Geschlossenheit ist nur vordergründig, und von einer Abwertung der Predigtlehre zur bloßen Methodologie kann keine Rede sein. Die Predigtlehre empfängt vielmehr so erst recht ihre Eigenständigkeit, sie wird beweglich. Die notvollen Fragen des Alltags, der Predigtwirklichkeit von Woche zu Woche, treten aus dem Schatten der

Geringfügigkeit heraus. Die Predigtlehre gewinnt theologische Eigenständigkeit.

Die christliche Gemeinde, die Kirche ist im Unterschied zu anderen Religionen in ihren Anfängen schon im Zeichen der Predigt ans Licht getreten. Sie kann bis heute nicht ohne diese Predigt gedacht werden. Sie muß — in welcher Form auch immer — ständig ihren Glauben in freier Rede darlegen. Das geschieht in ausgesprochener oder unausgesprochener Weise unter Berufung auf das „Wort", das diesen Glauben begründet. Diese freie Rede muß von der Kirche und letztlich von dem Prediger selbst verantwortet werden; denn die Bezeugung des Glaubens ist ohne strengen Bezug auf die jeweilige Gegenwart, ihr Bewußtsein, ihre Praxis, ihr Denken, ihren Lebens- und Sprachstil nicht vorstellbar. So verstanden ist die Predigt in die Existenz der christlichen Gemeinde integriert, es gibt keine „Kirche" ohne dieses „Kennzeichen" — nach Confessio Augustana, Art. VII.

3. Grenzen der Predigtlehre

Die Predigtlehre hat die Aufgabe, die wechselvollen Bedingungen der Predigt, ihre Gesetze und typischen Schwächen, ihre Grenzen wie ihre charismatischen Möglichkeiten nach allen Seiten zu reflektieren. Indem sie das Nachdenken darüber in geordnete Bahnen lenkt, leistet sie einen unablässigen Dienst an der Kirche. Dabei sind zwei in gewisser Weise einander entgegengesetzte Betrachtungsarten möglich und sogar nötig. Die eine Betrachtungsweise der Predigt ist die von innen her. Der Prediger soll in dem Glauben stehen, den er bezeugt, und er wird daher auch dem Predigtdienst selber eine Deutung im Kontext dieses Glaubens geben. Die Predigtaufgabe kann sogar unter Umständen zu einem Schlüssel für die Bibelauslegung, ja zu einem Skopus für die Theologie überhaupt werden. Die andere Betrachtungsweise der Predigt ist die von außen. Sie wirkt ernüchternd und kann den von seiner Aufgabe erfüllten und begeisterten Prediger enttäuschen und erschrecken. Und doch muß auch sie in ihrem unmittelbar theologischen Gewicht gewürdigt werden. Der Aspekt „von außen" beginnt ja damit, daß wir die Predigtlehre als die Wissenschaft von der der christlichen Kirche spezifischen Aussageform ihres Glaubens verstehen. Moderne Methoden treten stützend hinzu: Kirchensoziologie, Informationstheorie und Kommunikationsforschung. Das alles hebt die theologische Relevanz dieses Aspektes nicht auf.

Aber um so mehr muß man sich auch der Grenzen der Homiletik

bewußt bleiben. Keine Art von Predigtlehre vermag den Erfolg und die Wirkung der christlichen Predigt zu garantieren. Es bleibt zuviel an Ungewissem, Nichtvorhersehbarem, Nicht-machbarem.

Die Reichweite der Predigt liegt nicht in unserer Hand. Die Situation der Kirche in jeder Epoche, Freundlichkeit und Toleranz der nichtkirchlichen Umwelt, Gleichgültigkeit oder feindliche Ablehnung, die Färbung des Zeitbewußtseins in Religionssachen — das alles gehört schlechterdings in den Bereich des Unvorhersehbaren.

Ungewiß sind immer die im Prediger selbst liegenden Voraussetzungen, seine Gabe, sich und seine Sache mitzuteilen, seine Kontaktfähigkeit.

Auch die Berufung auf die Macht des Wortes sichert dem „Dienst am Wort" nicht die erwünschte Wirkung in jedem Falle, und es wäre ein Trugschluß, sich auf eine korrekte Exegese zu verlassen, als ob es damit getan wäre.

So, wie hier deutliche Grenzen sichtbar werden für das, was die Predigtlehre vermag, so hat das Nicht-machbare und Unvorhersehbare für die christliche Predigt auch noch eine ganz andere, positive Bedeutung. Drücken wir es ganz alltäglich aus, so gilt: Die Macht des Vorbildes kann unmittelbar einleuchten und im Vollzug der Predigt Wirkungen zustande bringen, zu denen die Theorie der Predigtlehre nicht ausreichte. (Das schließt nicht aus, daß die Predigtlehre nachträglich diese Wirkungen zu verstehen sucht und für ihre Theorie nutzbar macht.) Man kann das Nicht-machbare, das Unverfügbare im Predigtgeschehen auch in der unbekümmerten Sprache des christlichen Glaubens aussagen: Die Macht des Heiligen Geistes kann die begrenzten Bedingungen der Predigt und die engen Voraussetzungen einer dürftigen Zeit sprengen. Der Begriff der Erweckung besagt, daß die Verkündigung des Wortes Gottes das in einer Epoche möglich Scheinende in seiner Wirkung übersteigt. Auch das erinnert an die Grenzen der Predigtlehre; denn keine Predigtlehre kann Erweckungen vorhersehen oder zustande bringen. (Das schließt nicht aus, daß die Predigtlehre nachträglich solche Vorgänge historisch wie kritisch verarbeitet.)

Aber eben darum, und im vollen Bewußtsein dieser Grenzen, wird die Reflexion der Predigtlehre, ihre theoretische Bemühung um die Praxis der Predigt für diese Praxis nützlich und unentbehrlich sein.

Literatur: Zur Dogmatik der Predigt: K. Barth, Die kirchliche Dogmatik I: Die Lehre vom Wort Gottes, 1. Teil (1932) ⁸1964, 2. Teil (1938) ⁵1960. In der Lehre von der dreifachen Gestalt des Wortes Gottes folgen Barth: W. Trillhaas, Evangelische Predigtlehre (1935) ⁵1964. O. Weber, Grundlagen der Dogmatik, I (1955) ²1972. W. Kreck, Grundfragen der

Dogmatik, 1970. Das Buch von G. Wingren, Die Predigt, (1955) ^{2}1959 ist ein dogmatisches Werk und kein Beitrag zur Homiletik im speziellen Sinne. Demgegenüber fällt in vielen Lehrbüchern der Dogmatik das Thema der Predigt völlig aus, z. B. bei W. Elert, Der christliche Glaube, (1940) ^{5}1960.

Lehrbücher der Predigtlehre bzw. Homiletik: W. Trillhaas, Evangelische Predigtlehre, (1935) ^{5}1964. Ch. Dodd, The Apostolic Preaching and its Developments, London 1936, New York 1962. L. Fendt, Homiletik, (1949) ^{2}1970 (neu bearb. v. B. Klaus). O. Haendler, Die Predigt, Tiefenpsychologische Grundlagen und Grundfragen, (1941) ^{3}1960. H. R. Müller-Schwefe, Homiletik. 1. Die Sprache und das Wort, 1961; 2. Die Lehre von der Verkündigung. Das Wort und die Wirklichkeit, 1965; 3. Die Praxis der Verkündigung, 1973. W. Uhsadel, Die gottesdienstliche Predigt. Evangelische Predigtlehre, 1963. E. Hirsch, Predigerfibel 1964. K. Barth, Homiletik, 1966. H. Jacob, Theologie der Predigt. Zur Deutung der Wortverkündigung durch die neuere katholische Theologie, 1969. V. Schurr, Pastoraltheologie im 20. Jahrhundert, in: Bilanz der Theologie im 20. Jahrhundert III, 1970 (Gesamtbild der katholischen Homiletik S. 371 ff., S. 385 ff. Lit.). R. Bohren, Predigtlehre, 1971. H. Arens (kath.) Die Predigt als Lernprozeß, 1972. — M. Doerne, Homiletik, in: RGG III, Sp. 438 ff.

Zur Geschichte der Predigt: M. Schian, Geschichte der christlichen Predigt, in: Realencyklopädie für Prot. Theologie und Kirche XV (1904), S. 623 ff. A. Niebergall, Die Geschichte der christlichen Predigt, in: Leiturgia II 1, 1954, S. 182 ff. H. Davies, Varieties of English Preaching 1900 to 1960, London-New York 1963. J. B. Schneyer, Geschichte der katholischen Predigt, 1968. W. Schütz, Geschichte der christlichen Predigt, 1972 (Sammlung Göschen 7201). — A. Niebergall u. a., Predigt, in: RGG V, Sp. 516 ff.

Zur Geschichte der Homiletik: F. Wintzer, Die Homiletik seit Schleiermacher bis in die Anfänge der „dialektischen Theologie" in Grundzügen, 1969. A. Niebergall, Homiletik heute. Bericht über die homiletische Literatur seit 1945. Theologische Rundschau, 34. Jahrg. 1969. I. Teil 49—76, II. Teil 89—120.

II. Kapitel

DIE PREDIGT UND IHRE HÖRER

1. Der Blick auf die Hörer

Wir gehen von dem elementaren Tatbestand aus, daß sich Hörer versammeln, um eine christliche Predigt zu hören. Nur dieser Vorgang soll reflektiert werden. Wir fragen also nicht nach einer dogmatischen Deutung dieser Versammlung, auch nicht danach, wie sich der Prediger vor seinen Hörern legitimiert. Er kann sich auf einen „Auftrag" berufen oder auf ein bestimmtes Amtsverständnis, das je nach der konfessionellen Tradition verschieden ist und sogar innerhalb derselben konfessionellen Theologie verschieden ausgelegt werden kann. Das alles tritt in den Hintergrund in dem Augenblick, in dem sich der Prediger seiner Predigtaufgabe zuwendet. Es ist dann auch verhältnismäßig nebensächlich, ob diese Predigt in einem konventionellen Gottesdienst oder außerhalb tradierter Regeln stattfindet. Der Prediger muß sich ganz auf seine Hörer einstellen. Was er zu sagen hat und wie er es zu sagen hat, wird er nur noch im Blick auf seine Hörer überlegen. In diesen Hörern sind die Erwartungen gegenwärtig, denen der Prediger begegnet und an denen er gemessen wird.

Wenn der Prediger seine Predigt auf einen Text gründet, ist das immer eine Aussage über seine Hörer, welche er erwartet und die ihn erwarten; dieser Prediger rüstet sich dann nämlich auf die Begegnung mit einer „Gemeinde", welcher die Berufung auf einen biblischen Text als Legitimation des Predigtwortes gilt. Es sind andere Hörerkreise denkbar, für die diese Berufung auf ein biblisches Wort voraussichtlich bedeutungslos ist. Trotzdem kann auch dann die Predigt ein christliches Wort sein.

Diese Unterscheidung der Predigten nach den unterschiedlichen Voraussetzungen der Hörer ist uralt. Man hat immer unterschieden, ob eine Predigt für eine christliche Gemeinde bestimmt ist oder ob sie vor sog. „Heiden", vor „Nichtchristen" gehalten werden soll. Natürlich ist diese Unterscheidung von Gemeindepredigt und Missionspredigt ein abstraktes Schema, und gewiß nicht erst seit heute. Auch die sog. christliche Gemeinde, an welche sich die exemplarische Gemeindepredigt wendet, ist immer von Zweiflern und Skeptikern, von partiell oder total Ungläubigen durchsetzt. Die so zuversichtlich angenommenen

Voraussetzungen der Christlichkeit gelten damit nur in sehr bedingtem und begrenztem Maße. Man wird annehmen dürfen, daß mit der zunehmenden Annäherung an die Gegenwart die Gemeindepredigt in ihrem reinen Begriff immer mehr zur Illusion wird.

Aber auch der Begriff der Missionspredigt ist problematisch. Die Voraussetzung des „Heidentums", der für ihn konstitutiv ist, stimmt in mehrfacher Hinsicht nicht mehr. Heidentum bezeichnet einen bestimmten vorchristlichen Religionsbestand. Aber der mitten in einer christlichen Tradition sich verbreitende Zweifel, der Zerfall eines Menschen mit seinem bisherigen Glauben, der weitreichende Glaubensverlust ganzer Generationen ist kein „Heidentum". In dieser Situation stimmt weder der Begriff der Gemeindepredigt noch der der Missionspredigt. Umgekehrt gilt ja auch dies: Wer sich einer Hörerschaft zugesellt, die sich zu einer christlichen Predigt versammelt, der muß ein Vorverständnis vom christlichen Glauben haben; irgend etwas wird ja seine Wißbegier angeregt haben, wenn er zuhören will.

Der reine Begriff der Missionspredigt scheitert auch daran, daß es nach einer bald zweitausendjährigen Geschichte des Christentums keine absolute Neuheit der christlichen Botschaft gibt. Keine christliche Predigt wird eine absolute Überraschung für die Hörer bedeuten. Auf der anderen Seite sind nach einer langen Geschichte alle traditionellen Gemeinden altgewordene, von modernen Zweifeln und Reflexionen durchsetzte Gemeinden. Die Reinheit und künstlich hergestellte Unberührtheit fundamentalistischer Gemeinden und Sekten versetzt diese sofort in die Situation „kognitiver Minderheiten" (P. L. Berger), und das bestätigt nur e contrario das Gesagte. Große und nach allen Seiten geöffnete Gemeinden, wie sie immerhin in „volkskirchlichen" Verhältnissen anzutreffen sind, sind säkularisiert, oder mit Zweifeln und an ihren Rändern mit Aberglauben und Vulgärglauben durchsetzt. Hier erwachsen der Predigt dann — je nach Lage der Dinge — neue Aufgaben der Aufklärung und Belehrung, der Kritik und wohl auch einer Neubegründung christlicher Praxis. Aber das liegt dann weit jenseits der Differenz von Gemeindepredigt und Missionspredigt.

2. Ambivalenz der Gemeindepredigt

Der Begriff der Gemeindepredigt macht noch auf eine andere Problematik aufmerksam. Im Art. XIV der Conf. Aug. ist bestimmt, daß man rechtmäßig berufen sein muß, um „öffentlich predigen" (publice docere) zu dürfen. Die Stelle ist deswegen so wichtig, weil hier für die christliche Predigt das Prinzip der Öffentlichkeit in Anspruch genommen wird. Hier wird also vorausgesetzt, daß die christliche Predigt in der Öffentlichkeit — wir können auch sagen: in der Gesellschaft — jeden Menschen etwas angeht. Der Art. setzt die societas christiana voraus.

In unserer heutigen Vorstellung von Gemeindepredigt ist diese Voraussetzung stillschweigend aufgegeben. Bei der Gemeindepredigt im idealtypischen Falle hat man eine Predigt im Sinn, welche sich an einen ganz bestimmten Kreis von Menschen richtet: an Menschen, welche sich im Unterschied von anderen zur christlichen Gemeinde halten, in ihrer Tradition leben, das biblische Wort als Grund ihres Glaubens und Lebens verstehen und dem Dienst ihrer Kirche mit einer hohen Erwartung begegnen. Der Wert und die Anziehungskraft dieses Ideals soll hier nicht in Frage gestellt und auch nicht weiter diskutiert werden.

Das Problem der Gemeindepredigt des reinen Typus beginnt bei den „anderen“, von denen sich diese Gemeinde unterscheidet. In erster Linie sind es die Angehörigen anderer Konfessionen. Es gibt noch andere Christen, die in dieser Gemeinde, an welche sich die „Gemeindepredigt“ richtet, nicht zu Hause sind. Es ist ferner an alle die zu denken, die dem kirchlichen und christlichen Leben überhaupt fremd geworden sind. Der Kreis der Adressaten einer Gemeindepredigt ist nicht mehr mit der Öffentlichkeit identisch.

Zwar gilt das Prinzip der Öffentlichkeit noch immer. Die Predigt ist allgemein zugänglich; jeder kann sie hören. Und doch ist dieses Prinzip durch die tatsächlich gegebenen Verhältnisse gebrochen, ohne daß das im Durchschnitt den Predigern zum Bewußtsein kommt. Man muß sehr kundig sein, um sich in den Gottesdienstordnungen zurechtzufinden, die den Rahmen für die konventionelle Predigt darstellen. Fremd sind die meisten Lieder für den, der von außen hereinkommt. Und dann die Predigt selbst. Schon der Text setzt eine Gemeinde voraus, die wenigstens ungefähr ein Vorverständnis für ihn mitbringt. Der kirchliche Bibelgebrauch, kirchliche Sprache und Mentalität — das gilt auch von der progressiven Mentalität — verhängen über die Gemeindepredigt geradezu einen exklusiven Charakter. Die Vorstellung von einer Kerngemeinde und von den „Randsiedlern“ der Kirche besteht ungebrochen, auch wenn man diese Begriffe schamhaft zu vermeiden sucht. Auch der Wohlmeinende und Bereitwillige wird schneller, als man denkt, zum Fremdling. Das herkömmliche Ideal der Gemeindemäßigkeit der Predigt wird zur Chiffre für einen Komplex schwerer Probleme und zu einer Lähmung für die „öffentliche“ Predigt.

Ist es unter diesen Voraussetzungen denkbar, daß die Predigt die Menschen außerhalb der „Gemeinde“ erreicht?

3. Fremdlinge und Skeptiker

Das führt uns zu einem ganz anderen Predigtbegriff, der den Gedanken der Öffentlichkeit festhält und geradezu zum Ausgangspunkt nimmt. Gewiß liegt es nicht in der Macht der predigenden Kirche, den Umkreis ihrer Wirkung willentlich und beliebig zu erweitern. Aber der Wandel der Intention auf die Hörer hin verwandelt auch die Predigt selbst. Ist im Falle der bewußten Gemeindepredigt das Ziel der Predigt, eine Gemeinde herzustellen, sie in ihren Grundlagen festzumachen und ihr den Schutz einer Gewißheit zu geben — alles wohlbegründete Ziele —, so ist es in dem Falle, der uns hier beschäftigt, die Absicht, die Öffentlichkeit der Predigt wiederherzustellen, oder anders ausgedrückt, sie zur Gesellschaft hin aufzuschließen. Jedenfalls handelt es sich um die Wahrnehmung eines Hörerkreises, für den die festumrissenen Voraussetzungen nicht zutreffen, welche die Gemeindepredigt im konventionellen Sinne bestimmen. Schon die Bezeichnung als „Hörerkreis“ ist angesichts der Vielfalt derer problematisch, an welche sich das Wort der Verkündigung richtet. Einerseits befinden sich diese Hörer in einer abwartenden, skeptischen Distanz zur Kirche, zum Lebensstil und zur Sprache ihrer Repräsentanten; oft liegt nur eine störende Erfahrung mit der Kirche, eine Taktlosigkeit oder die Zurückweisung einer Zumutung quer und macht sie zu Fremdlingen in der traditionsgebundenen Kirchengemeinde. Auf der anderen Seite sind diese „Fremdlinge“ dann doch nicht in dem Maße ins Abseits geraten, wie das im kirchlichen Urteil erscheinen mag. Sie sind natürlich kritisch, aber ihre Kritik ist oft überraschend sachlich, und sie sind bereit, sich dem vernommenen Wort der Predigt zu öffnen, wenn es sie überzeugt.

Wie kommen solche Menschen in den Wirkungskreis der Predigt? Offizielle Gottesdienste wie in früheren Zeiten gibt es nahezu nicht mehr. Aber Amtshandlungen sind ein häufiger Anlaß, daß jemand, der der traditionellen Gemeinde entfremdet ist, doch ein Predigtwort zu hören bekommt. Er ist zwar gar nicht zu dem Zweck „hier“, um den Prediger zu hören; er nimmt das, was der sagt, nur so nebenbei mit; aber wie wird es auf ihn wirken? Es ist auch daran zu denken, daß ein persönliches Interesse am Prediger vorliegt, wie es in den Personalgemeinden des kirchlichen Liberalismus der Fall war. Eine politische Affinität, eine lokale Mode oder persönliche Beziehungen können auf die Person des Predigers hinweisen; man kann sich Grund und Anlaß der Begegnung des „unkirchlichen" Hörers mit der Predigt nicht abseitig und zufällig genug vorstellen. Und doch kann es zu einer schicksalhaften Begegnung kommen.

Solche Außenstehende sind oft unerwartet bereit zu hören. Sie wollen und müssen ernst genommen werden. Das beginnt nun damit, daß man sie nicht auf Voraussetzungen hin anspricht, welche nicht die ihren sind. Darum ist dieser unkirchliche, wenn man so will: bewußt verweltlichte Hörer konstitutiv für eine Predigt, welche keine Gemeindepredigt in dem beschriebenen Sinne ist.

Aber was kann denn dann bei solchen Hörern vorausgesetzt werden? Jedenfalls befinden sich diese präsumptiven Hörer in einer schwer zu beschreibenden Erwartung. Sie haben in ihrem Selbstverständnis offene Stellen, die nicht durch fertige Antworten zugeschlossen sind. Ihre religiöse Dimension bedeutet eine Offenheit unartikulierter Fragen; sie sind sozusagen bereit, diese Fragen als die ihren anzuerkennen, wenn ein anderer sie glaubhaft und aus einem verwandten Lebensgefühl heraus für sie ausspricht. Ihre Kritik an der Kirche — oder was sie eben als Kirche vor Augen haben — richtet sich darauf, daß diese die innere Situation der ihr fremd gewordenen Menschen nicht begreift. Die ihnen angebotenen kirchlichen Reden und Antworten haben mit ihrer eigenen Situation nichts zu tun. Der Mensch der Gegenwart spricht eine andere Sprache als das, was ihm üblicherweise als Kirche und auch nicht zuletzt mit der Prätention einer modernen Theologie entgegentritt. Das ist ein Grund seiner Skepsis: er will damit nichts zu tun haben.

Schleiermachers klassische Formel von den „Gebildeten unter den Verächtern der Religion" gilt bis heute, wenn auch in modifizierter Weise und vielleicht sogar in radikalerem Sinne. Man muß sie erweitern auf alle, welche fern von kirchlicher und gemeindlicher Tradition leben, weit über die sog. „Gebildeten" hinaus: auf die im Konkurrenzkampf stehenden Menschen, auf die Orientierung suchende Jugend, auf alle, die von der Möglichkeit eines „machbaren" und manipulierbaren Lebens überwältigt sind. Sofern der Predigt solchen Menschen gegenüber überhaupt noch eine Chance erwächst, wird es sich um eine ganz andere Art von Predigt handeln, als es die herkömmliche Gemeindepredigt in den Grenzen ihrer Bedingungen ist.

Bedenkt man freilich, daß sich die Signatur des außerkirchlichen Menschen, die Säkularisierung des neuzeitlichen Bewußtseins auch immer mehr Menschen in der Gemeinde selbst mitteilt, dann zeigt es sich, daß gewisse sachliche Notwendigkeiten eine Wandlung der Predigt erzwingen. Der Prediger selbst ist ein Glied dieser Generation und darf sich nicht einer homiletischen Theorie hingeben, die ihn zu der Fiktion zwingen würde, es nicht sein zu wollen. Ich deute hier die Folgerungen nur an, von denen im einzelnen noch zu reden sein wird: Die Sprache wird sich wandeln; der Prediger wird sich über die begrenzte Tragweite einer biblischen Beweisführung klarwerden müssen; bloße Behauptungen des kirchlichen Glaubens werden wenig Eindruck machen; vor allem wird die grundsätzliche Verachtung der „Religion", wie sie im heutigen Menschen repräsentiert sein mag, aufgegeben werden müssen. Die Solidarität mit dem Zuhörer zu beteuern ist solange wertlos, als man seine „Religion" nicht ernst nimmt: seine wenn auch noch so verschrobenen religiösen Vorstellungen und Aporien, sein latentes Christentum wie seine offenkundigen Widersprüche.

An diesem Punkt eröffnet sich die Möglichkeit, daß die Predigt selbst zur religiösen Rede wird. In gewisser Weise drückt sich darin die Solidarität mit den säkularisierten Hörer aus. Denn die „religiöse Rede" spricht von dem, was den Hörer — jedenfalls nach seinem Selbstverständnis — unmittelbar angeht, und sie tut es in seiner Sprache.

Diese Art der Predigt war das Anliegen der „liberalen Predigt" um die Jahrhundertwende und danach, damals klassisch verkörpert in den Andachten von Friedrich Naumann oder in dem gesamten Predigtwerk von Christian Geyer und Friedrich Rittelmeyer. Der stärkste Zeuge für dieses Anliegen nach dem Zweiten Weltkrieg ist Paul Tillich, dessen ›Religiöse Reden‹ sich schon in ihrem Namen zu dieser Sache bekennen. Die äußeren Kennzeichen dieser Reden sind vor allem die kurzen Texte, der unpathetische, sachliche Stil und die dem heutigen Hörvermögen angemessene Kürze.

Das Problem der modernen Gemeinde, d. h. die Frage nach der Christlichkeit der Predigthörer hat in seiner Weise schon den jungen Schleiermacher beschäftigt. In der Vorrede zu seiner ersten Predigtsammlung (1801) schreibt er: „Anderen wird freilich manches wunderlich vorkommen; zum Beispiel, daß ich immer so rede als gäbe es noch Gemeinden der Gläubigen und eine christliche Kirche; als wäre die Religion noch ein Band, welches die Christen auf eine eigentümliche Art vereinigt. Es sieht allerdings nicht so aus, als verhielte es sich so: aber ich sehe nicht, wie wir umhin können, dies dennoch vorauszusetzen. Sollen unsere religiösen Zusammenkünfte eine Missionsanstalt sein, um die Menschen erst zu Christen zu machen: so müßten wir ohnedies ganz anders zu Werke gehen. Soll aber von ihrem Verhältnis zum Christentum gar nicht die Rede sein: so sehe ich nicht ein, warum vom Christentum die Rede ist. Vielleicht kommt auch die Sache dadurch wieder zustande, daß man sie voraussetzt; wenigstens gibt es nichts Verderblicheres für unsere religiösen Vorträge, als das Schwanken zwischen beiden Ansichten, ob wir als zu Christen reden sollen, oder als zu Nichtchristen ..."

Zweifellos ist das Verhältnis zwischen bewußt christlichen Hörern (was meist auch eine klare konfessionelle Zugehörigkeit in sich schließt) und unbewußter, skeptischer oder gar verleugneter Christlichkeit eines der schwersten Predigtprobleme der Neuzeit. Es kann kaum hinreichend theoretisch beantwortet werden. Es kann nur aus der Situation heraus entschieden werden. Und das setzt in jedem Falle voraus, daß der, welcher predigen soll, seine eigene Überzeugung, sein „Herz" als das Kampffeld zwischen christlichem Glauben und säkularem Bewußtsein, zwischen kirchlicher Tradition und Gegenwart, zwischen Glauben und Zweifel zum Einsatz bringt und darin Theologe ist, daß er diesen Streit denkend bewältigt.

4. Der einzelne als Hörer

Das Problem des Hörers erschließt sich aber noch unter einem ganz elementaren Gesichtspunkt. Es ist der Blick auf den einzelnen Hörer. Mag die Gemeinde noch so sehr eine innere Einheit darstellen, so besteht sie doch immer aus vielen einzelnen. Auch die kleinste Gemeinde, in der „jeder jeden kennt", umschließt viele einzelne, von deren Freudlosigkeit oder Freude, Sorge, Angst, Verdrossenheit oder Hoffnung der andere nichts weiß. Erst wenn der Prediger dieses einzelnen ansichtig geworden ist, wird ihm die Hörerfrage in ihrer ganzen Tiefe bewußt. Die Zwiesprache des Predigers mit einem solchen einzelnen vor der Predigt kann wichtiger sein als eine Predigtvorbereitung in einem Diskussionskreis. Freilich sind für eine derartige Zwiesprache zwei Bedingungen unerläßlich: Was unter vier Augen gesprochen wird, steht unter dem Schutz der Schweigepflicht. Und damit hängt das andere unmittelbar zusammen: Ein vertrauliches Gespräch darf nicht dem Predigtzweck dienen; es darf nicht dazu geführt werden, um in der Predigt „verwendet" zu werden.

Die seelsorgerische Predigt hat diesen einzelnen Zuhörer im Auge und geht so quer durch alle besprochenen Alternativen hindurch: Sie entdeckt inmitten der „Gemeinde" den säkularen Menschen und Zweifler, und sie entdeckt inmitten der säkularen Zeitgenossen den heimlichen Christen, der von seiner Christlichkeit nichts weiß oder sie sich jedenfalls nicht eingesteht. Für diese seelsorgerische Predigt gilt aber ein seltsames Gesetz: Wer zu einem spricht, spricht damit immer zu vielen; wer freilich immer nur zu vielen spricht, spricht oft nicht einmal zu einem einzelnen. Darum ist es so wichtig, den einzelnen zu finden. Ob man nun die Gemeinde im Sinne des bewußten oder des verborgenen Christentums versteht, sie besteht immer aus einzelnen oder sie besteht überhaupt nicht. Diese einzelnen suchen oft die Anonymität auf. Das wird z. B. durch den Rundfunk besonders begünstigt, der ja auch viele erreicht, die keiner Kirche angehören. Man wird auch in den gottesdienstlichen Versammlungen bei vielen Teilnehmern mit dem Bedürfnis nach Intimität rechnen müssen. Die Gemeinde ist kein Kollektiv, in dem der einzelne seine Identität verliert und das man wie einen Block anreden dürfte: „Du, liebe Gemeinde . . .“

Der Begriff der seelsorgerischen Predigt ist gewiß kein Schlüssel, der alle Predigtprobleme aufschließt. Er bezeichnet eine besondere, eben auf den einzelnen bezogene Richtung des Predigens, die je zu gegebenem Anlaß ihr tiefes und unverlierbares Recht hat. Er erinnert aber darüber hinaus an ein Gesetz allen Predigens: die Predigt darf nicht über den einzelnen hinweggehen; der einzelne muß sich in der Predigt wiedererkennen, er muß sich betroffen wissen, er muß, vielleicht sogar im Widerspruch, anerkennen, daß diese Predigt ihn angeht. Es geht nicht darum, ob der in der Predigt bezeugte Glaube, ob die Hoffnung erschwinglich oder „überschwenglich“ (Eph. 1, 19; Phil. 3, 8 u. ö.) ist, sondern ob der Zuhörer davon überhaupt berührt ist. Diese Regel wird dann aber verletzt, wenn der Prediger für die Versammelten einfach eine „stimmige Gruppenidentität voraussetzt“ (Bastian), welche die Hörer in etwas einbezieht, womit sie von sich aus gar nichts im Sinn haben. „Die religiöse Rede lebt und schafft große Zusammenhänge. Lasswell nannte die Zeichen, die semantisch das Zusammengehörigkeitsgefühl stützen und in Großgruppen das Unbestrittene präsentieren, Miranda (lateinisch mirari = bewundern). Das Mirandum ist ein Sprachsymbol, das Bewunderung erweckt, gemeinsame Wertüberzeugungen anspricht und Loyalität stärkt. Als Namensmiranda gelten Luther, Barth und Bonhoeffer in allen Gemeinden, M. L. King in fortschrittlichen, der kolumbianische Priesterrebell C. Torres nur in revolutionsfreudigen. Mitmenschlichkeit, Humanisierung, Emanzipation, Rechtfertigung sammeln als Wertmiranda unterschiedlich große Scharen. Entsprechend negativ wirken Antimiranda: Revolution — bei den Konservativen; Amtskirche — bei den Progressiven; Kreuzzug bei beiden. Ohne solche Einheitssymbole lassen sich sprachliche Kommunikationen in Großgruppen semantisch nicht regulieren. Nur sollte man wissen, was man tut.“ (Bastian 111 f.)

Der Zuhörer findet sich in einer Predigt, die ihn so mit einem Normalglauben oder einem Normalethos konfrontiert, insgeheim vergewaltigt. „Gefühlsmäßig stark wirksame Gesinnungsmuster" werden ihm alternativlos und darum mit der Fiktion der Unausweichlichkeit vor Augen gestellt und Engagements werden ihm abverlangt, von denen er nicht einzusehen vermag, warum er sich nur heute gerade dafür und nicht für etwas ganz anderes und ihm vielleicht viel näher Liegendes engagieren soll, sofern es ihm nach seiner persönlichen Situation überhaupt um ein Engagement zu tun ist.

5. Dialogformen

Wird die Korrelation von Predigt bzw. Prediger und Hörer verfehlt, dann geht die Predigt ins Leere. Denn diese Korrelation greift viel tiefer, als es dem Prediger im allgemeinen bewußt ist. Der Prediger muß sich der Erwartungen des Hörers bewußt sein; denn was er zu sagen hat, das besteht nicht in gleichsam in sich selbst ruhenden „Wahrheiten". Ob der Begriff „Sünde" ein traditioneller Topos ist, der nur noch im Verbund mit einem orthodoxen System einen herkömmlichen Ort hat, oder ob er einer lebendigen und notvollen Erfahrung der Zuhörer entspricht, das entscheidet schlechterdings darüber, ob man sinnvoll dieses Wort in der Predigt aufbieten kann. Aus der Semantik der Predigtsprache kann der Zuhörer nicht ausgeklammert werden, und der harte Satz hat schon seine Richtigkeit: „Der Hörer entscheidet darüber, was die Begriffe und Sätze der Predigt praktisch bedeuten" (Bastian 116). Der Prediger steht also einer Erwartungssituation gegenüber, die ebenso hinsichtlich ihrer allgemeinen Intensität wie inhaltlich gar nicht differenziert genug gedacht werden kann. Von der dem Prediger begegnenden „Frage" zu sprechen, geht fast schon zu weit; denn die wenigsten präsumptiven Zuhörer wären wohl in der Lage, eine derartige Frage zu artikulieren. Und das Geflecht von Bestätigung, Zustimmung, Infragestellung und Verwerfung, mit dem der Zuhörer innerlich und unausgesprochen die Predigt im Vollzug des Zuhörens begleitet, ist kaum noch sichtbar und bewußt zu machen. Und doch muß der Prediger dieser Gewißheiten, Zweifel und Widersprüche innesein. Der Hörer wird sich in dem Maße verstanden wissen, als der Prediger nach ihm fragt. Im Zusammenhang mit der sich immer mehr vervollkommnenden Kommunikationstheorie werden uns heute die Gesetze der Gegenseitigkeit im Predigtvorgang immer mehr bewußt und auch theoretisch faßbar. Praktisch entspricht dem die Forderung des Dialogs, der die Predigt tragen und durchziehen soll.

Im Zusammenhang mit dem Predigtproblem kommt ein gezielter, diskursiver Dialog und ein unausgesprochener, indirekter in Betracht. Für den gezielten und bewußt herbeigeführten Dialog kommen drei Formen in Frage, die alle ihre Vorzüge und Nachteile haben.

a) Das Vorbereitungsgespräch vor der Predigt wird als amtsbrüderliches Gespräch unter solchen Predigern, welche demnächst über den gleichen Text zu predigen haben, in der Regel der exegetischen Arbeit am Text dienen; also dem, was in der gängigen Literatur etwas unzutreffend als Predigtmeditation angeboten wird. Das Verfahren hat unbestreitbare Vorzüge: Den ungelehrten oder trägen, aber auch den zur Einseitigkeit neigenden Predigern wird der Sinn für das Verständnis des Textes geschärft. Man verständigt sich darüber, worauf es ankommt. Nachteilig ist demgegenüber, daß die Predigtvorbereitung von der persönlichen Arbeit an der Wahrheitsfrage getrennt wird und daß sich die religiöse und geistige Auseinandersetzung mit dem Schriftwort in eine technisch-intellektuelle Analyse verwandeln kann. — Die Vorbereitung des Predigers im Gespräch mit interessierten Gemeindegliedern ohne theologische Vorbildung ist etwas ganz anderes. Er informiert sich über das Vorverständnis, über Einwände und Zweifel, wie sie in der Gemeinde zu Hause sind. Zusammensetzung des Kreises und Beteiligung am Gespräch sind freilich weithin dem Zufall ausgesetzt. Man wird damit zu rechnen haben, daß kompetente Gemeindeglieder hier gar nicht zu Wort kommen, weil sie z. B. schüchtern und der freien Rede nicht mächtig sind, und daß der Prediger in die Pflicht bestimmter Erwartungen genommen wird, welche ihm im Grunde fremd sind, die seiner Überzeugung sogar widersprechen und die nicht zu erfüllen er gute Gründe haben kann.

b) Bei der Dialogpredigt wird der Dialog in die Predigt selbst hineingenommen. Es ist wohl die mißlichste Form des an sich so nötigen Dialogs; denn sie bringt in der Regel diejenigen zum Reden, die sich gerne hören lassen. Wenn man die Dialogpredigt zum Programm macht, dann liegt es nur zu nahe, daß der Prediger den Verlauf des Dialogs manipuliert, und das bedeutet dann, daß der Dialog nur ein Scheingespräch ist. Diejenigen Hörer, die gekommen sind, um zu hören, was nach Röm. 10, 17 einen strengen und tiefen Sinn haben kann, werden gestört. Und es ist denkbar, daß diese Störung nicht nur von denen empfunden wird, welche in einer öffentlichen Diskussion immer den kürzeren ziehen, sondern gerade auch von solchen, die im Gottesdienst einmal nicht selber reden wollen.

c) Demgegenüber hat das Predigtnachgespräch große Vorzüge. Es stört nicht den reinen Hörvorgang, wie denn die gehörte Predigt — etwa in Krankenhäusern — eine gute Gelegenheit bietet, Seelsorgegespräche anzuschließen.

Auch für den unausgesprochenen, indirekten Dialog des Predigers möchte ich drei Formen nennen.

a) Es ist einmal der Dialog des Predigers mit sich selbst. Er geschieht zur Vorbereitung der Predigt in der Meditation, von der noch zu sprechen sein wird. Und er folgt auf die Predigt, indem der Prediger die gehaltene Predigt noch einmal kritisch überprüft, vielleicht indem er die Predigt (wie Schleiermacher) nachträglich noch einmal niederschreibt, einer freundschaftlichen Kritik standhält, nicht zuletzt auch dadurch, daß er nach einiger Zeit die Manuskripte seiner früheren Predigten kritisch auf sich wirken läßt.

b) Zu dem unausgesprochenen Dialog gehört vor allem, was sich, abgesehen vom Gespräch, über die Hörer selbst wahrnehmen läßt: Es ist die Kenntnis ihrer sozialen Verhältnisse, ihrer Wohnbedingungen und ihres Freizeitverhaltens. Viele Prediger, besonders in der Stadt, sprechen ihre Zuhörer immer als Leute an, die Bücher lesen. Aber tun sie es wirklich? Was lesen sie denn? Aus welchen Informationsquellen empfangen die Menschen, an welche sich die Predigt wendet, ihr kritisches oder auch unkritisches Gegenwartsbewußtsein? Prediger, die lange am selben Ort tätig sind, verharren leicht bei einem anfänglichen Sozialbild ihrer Gemeinde und verkennen, wie tief die sozialen Wandlungen eingreifen, die sich vor ihren Augen abspielen, ohne daß diese „Augen" in der Lage sind, noch etwas von diesen Veränderungen wahrzunehmen. Die Bemühungen der Pastoralsoziologie sind auch für die Predigt von höchster Wichtigkeit und erbringen, wenn sie nutzbar gemacht werden, mehr für den Dialog, d. h. für die lebendige Korrelation der Predigt und der Hörer als die Zufälligkeit und Unvollständigkeit der Gespräche.

c) Nicht zuletzt vollzieht sich der Dialog des Predigers mit den Zuhörern in der Predigt selbst, wenn er nämlich in stetem Sichtkontakt mit den Hörern steht. Aufmerksamkeit wie Abschalten des Interesses, Zustimmung wie Überraschung oder Ablehnung seitens der Hörer teilen sich dem Prediger visuell mit. Und das wirkt derartig auf die Predigt ein, daß der Prediger trotz bester Vorbereitung nachher entdeckt, daß er diesen Gedanken hinzugefügt, jenen weggelassen hat, und daß diese Programmwidrigkeiten so genau sachgemäß waren. Das ist der pastorale Sinn der Forderung, der Prediger müsse seine Predigt zwar schriftlich vorbereiten, aber frei halten. Das heißt nicht: auswendig gelernt vortragen, sondern Auge in Auge mit denen, zu welchen er spricht. Aber der Prediger, der seine sog. Predigt wie einen Aufsatz vom Blatt abliest, verweigert seiner Gemeinde den Dialog, den sie sucht und auf den sie ein Recht hat.

Literatur: Zur veränderten Situation der Gemeinde in der heutigen Gesellschaft: J. Matthes, Kirche und Gesellschaft (Einführung in die Religionssoziologie II), 1969. H. D. Bastian, Kommunikation 1971. K.-F. Daiber, Volkskirche im Wandel (Calwer Theologische Monographien I), 1973 (hier wichtiges Grundlagenmaterial zur Pastoralsoziologie). G. Schmidtchen, Gottesdienst in einer rationalen Welt. Religionssoziologische Untersuchungen im Bereich der VELKD. In Verbindung mit dem Institut für Demoskopie Allensbach, mit einer Einführung und einem Nachwort von Manfred Seitz, 1973.

Zur Lage der Predigt in der heutigen Gesellschaft: W. Trillhaas, Die wirkliche Predigt, in: Wahrheit und Glaube, Festschrift für E. Hirsch, 1963, S. 193—205. D. Rössler, Das Problem der Homiletik, in Theologia Practica, 1. Jahrg. 1966, S. 14—28. E. Lange, Zur Theorie und Praxis der Predigtarbeit, 1968.

Zum Problem des unbewußten Christentums: R. Rothe, Theologische Ethik, 4. Band ²1870 u. 5. Band ²1871, §§ 1008, 1119, 1163, 1167 ff. u. ö. E. Stammler, Protestanten ohne Kirche, 1961. P. Tillich, Systematische Theologie III (dt. Ausg.) 1966, S. 428 ff. u. ö. („latente Kirche"). T. Rendtorff, Kirche und Theologie, (1966) ²1970 (bes. 3. Kap.). Ders., Christentum außerhalb der Kirche. Konkretionen der Aufklärung (Stundenbücher 89), 1969.

Klassische Beispiele für „religiöse Reden": F. Naumann, Gotteshilfe (Gesamtausgabe der Andachten in einem Band), 1902. P. Tillich, Religiöse Reden 1. Folge: In der Tiefe ist Wahrheit, ⁵1952; 2. Folge: Das Neue Sein, ³1965; 3. Folge: Das Ewige im Jetzt, ²1968.

III. Kapitel

PREDIGT UND SCHRIFT

1. Historisches

Seit den Anfängen der Kirchengeschichte ist die kirchliche Predigt auf die Bibel bezogen. Sie schließt sich im Gottesdienst an die Lesung des Evangeliums an. Das weitläufige liturgiegeschichtliche Problem, das damit verbunden ist, kann ich hier nicht darlegen. Die älteste Form der Schriftauslegung ist die „Homilie", also eine „Auslegung" (explicatio), die womöglich von Satz zu Satz auf „Anwendung" (applicatio) bedacht ist. Von hier stammt auch der Name der Homiletik. Es gibt in der Alten Kirche keine „rein wissenschaftliche" Auslegung, deren Absicht vom Predigtzweck unterschieden wäre. Die Homilie, die älteste Form der predigenden Schriftauslegung, setzt immer die fortlaufende Lesung (lectio continua) und Auslegung ganzer biblischer Schriften voraus.

Seit der karolingischen Reform der Messe löst sich diese fortlaufende Schriftlesung im Gottesdienst deutlich auf, und es werden den einzelnen Sonntagen bestimmte epistolische und evangelische „Abschnitte" („Perikopen") zugeordnet. „Epistel" im Sinne dieser Perikopenordnungen ist jeder Abschnitt, der nicht aus einem der vier Evangelien stammt; auch „lectio" ist im Abendland korrespondierender Begriff zu „evangelium". Diese Perikopenordnungen der abendländischen Kirche (die orientalischen Ordnungen sind komplizierter) haben sich im lateinischen Katholizismus bis zur neuesten Reform der Liturgie und in der lutherischen Tradition bis heute erhalten. Im Unterschied zu neueren, jährlich wechselnden Perikopenordnungen gilt die freilich mit einigen Varianten übernommene römische Perikopenordnung im Protestantismus als die alte Ordnung. Diese doppelreihige Ordnung der Schriftlesungen, die für die Predigt die „vorgeschriebenen" Texte anzeigt, schließt natürlich bereits eine unausgesprochene Auslegung in sich: sie liegt in der mitgelieferten Abgrenzung der Abschnitte, in ihrer Zuordnung zu den Terminen des Kirchenjahres, in der Zusammenspannung von Epistel und Evangelium, oft auch in alten historischen Bezügen, die sich nur noch dem Kenner der Liturgiegeschichte erschließen, wie z. B. die exorzistischen Evangelien an den Sonntagen der sog. Fastenzeit vor Ostern.

Die alte kirchliche Tradition kennt wohl auch eine Predigtform, die nicht an Texte gebunden ist. Es ist der „Sermon“, bekannt aus den Titeln verschiedener kleiner Schriften M. Luthers. Um so auffallender ist es, daß durch die Reformation die Verbindung von Schrift und Predigt derart zu einer Selbstverständlichkeit erhoben worden ist, daß für die textlose Predigt eigentlich kein Raum mehr bleibt. Hand in Hand damit geht eine Überhöhung des Ranges der Predigt: Wie das biblische Wort, das als Text die Predigt trägt und autorisieren soll, ist auch sie selbst „Gottes Wort“. Der Prediger „verkündet das Wort der Wahrheit“. In der folgenreichen Lehre Karl Barths und seiner Schule von der „dreifachen Gestalt des Wortes Gottes“ hat diese Verbindung von Schrift und Predigt eine neue dogmatische Sanktion gefunden: Das in Jesus Christus Fleisch gewordene Wort Gottes (Joh. 1, 14), das in der Hl. Schrift niedergelegte Wort der Apostel und Propheten und das in der heutigen Predigt gegenwärtig erschallende Wort Gottes — das bildet eine unverbrüchliche Einheit und zugleich das grundlegende Thema aller christlichen Dogmatik. Die Verbindung von Predigt und Schrift hat dadurch ihren stärksten Ausdruck gefunden.

2. Mißverständnisse der Textbindung

Eben die enge Verknüpfung ist jedoch nicht ohne Probleme. Zunächst fällt das häufig zu beobachtende Mißverständnis auf, die wissenschaftliche Schriftauslegung — womöglich jedes beliebigen biblischen Textes — müsse über eine praktische Phase der Auslegung, die man etwas pauschal als Meditation zu bezeichnen pflegt, bis zur Predigt über diesen Text geführt werden. Die Formel „Vom Text zur Predigt“ wird so zum Inbegriff exegetischer Bemühungen wie homiletischer Einübung, ja sie wird im Protestantismus zeitenweise geradezu zum Inbegriff der Theologie. Und sie wird dann, gleichsam im Nebeneffekt, zum Instrument einer Abwertung andersartiger theologischer Fragen.

Die Predigtaufgabe erschöpft sich aber nicht darin, Texte auszulegen. Es gibt viele Schriftstellen, denen man ehrlicherweise keinerlei Beziehung zu unserer gegenwärtigen Situation abnötigen kann, und es gibt umgekehrt Situationen und menschliche Fragen, für die es keinen einschlägigen Text gibt. Das müßte aufmerksam und nachdenklich machen. Eine wissenschaftliche Auslegung biblischer Texte hat umgekehrt ihre Freiheit wie ihre Notwendigkeit darin, daß sie auf die Anwendbarkeit und Brauchbarkeit ihrer Resultate für die Predigt keine Rücksicht zu nehmen hat. Je unbefangener die historisch-kritische

Exegese verfährt, desto deutlicher wird der historische Abstand der Texte von unserer Gegenwart, desto auffälliger die Fremdheit, und in demselben Maße wird spürbar, wie viele Themen, welche sich etwa aus dem Wandel unserer heutigen technischen Welt ergeben, durch kein biblisches „Wort" gedeckt sind. Der Prediger muß dann sozusagen ohne exegetische Deckung predigen.

3. Freiheit der Predigt

Hat man sich zu dieser Erkenntnis durchgerungen, dann eröffnet sich eine Freiheit, die freilich auch wieder sorgfältig bedacht werden muß. Die Anfänge christlicher Predigt wissen von keinen Texten. Die „Predigten", von denen die Apostelgeschichte berichtet, sind nachträgliche literarische Bildungen; aber auch wenn sie davon berichten, daß der predigende Apostel sich vor jüdischen Zuhörern auf die alttestamentliche Heilsgeschichte beruft, so haben sie doch keine „Texte". Die Predigt ist grundsätzlich älter als die Schrift, während die heutige kirchliche Praxis den umgekehrten Eindruck erweckt. Das Christentum ist von seinen Ursprüngen her keine Buchreligion. Und es wäre widersinnig, wenn eben die Berufung auf die Schrift zu einer Fesselung der christlichen Verkündigung durch eine Textbindung um jeden Preis würde. Vielmehr gilt auch in diesem Falle: „Gottes Wort ist nicht gebunden" (2 Tim. 2, 9).

4. Gründe für die Textbindung

Diese Überlegungen sind nicht gegen die Bindung der Predigt an einen Text gerichtet, sondern gegen die Absolutheit dieser Bindung. Auch die textlose Predigt hat ihr Recht. Sie hat dieses Recht besonders angesichts eines Hörerkreises, für den die Berufung auf einen Text überhaupt keine Bedeutung hat. Aber auch die Äußerung zu einer drängenden Gegenwartsfrage muß nicht unbedingt, ja sie kann vielleicht nicht einmal durch die Berufung auf ein biblisches Wort, auf einen Text als christlich legitimiert werden. Es gibt wohl einen Gebrauch der Vernunft, der auch christlich unmittelbar zu überzeugen vermag. Und es gibt vermeintliche exegetische Begründungen, die die intellektuelle Redlichkeit verletzen und nur unternommen werden, um unter Berufung auf die Bibelautorität zu beweisen, was man eben um jeden Preis beweisen möchte.

Die Bindung der Predigt an einen Text kann wertvoll und nützlich sein, ist aber nicht absolut notwendig. Sie setzt voraus, daß sich der Prediger über den Wert und das Gewicht eines biblischen Arguments mit seinen Zuhörern im Einverständnis weiß. Für andere Zuhörer hat ein biblisches Argument kein Gewicht, es sei denn, daß sich die Wahrheit eines biblischen Wortes für sie auf anderem Wege erschließt, z. B. durch Lebenserfahrung, praktische Vernunft oder religiöses Einleuchten.

Zum Abschluß seien einige Gründe zugunsten biblischer Texte genannt. — Biblische Texte als Quelle und Leitgedanken der Predigt versichern nicht nur dem Zuhörer, sondern auch dem Prediger, daß er sich im Einklang mit dem Ursprung des christlichen Glaubens und dem Zeugnis der Schrift befindet. Ein Predigtwort, das durch keinen Text getragen und gedeckt ist, fällt natürlich leichter aus dem Grundsinn des christlichen Glaubens heraus. Freilich sichert auch die Exegese nicht schon als solche die Predigt vor Irrtum; denn die wissenschaftliche Auslegung biblischer Texte kann ja ganz anderen Interessen dienen als der christlichen Verkündigung.

Die Vielfalt der Texte kann der Eintönigkeit der Predigt wehren. Die kirchliche Ordnung bestimmt den Text, der Prediger muß ihn nicht erst selber wählen. Bei eigener Textwahl machen sich die Tendenzen und individuellen Ideen des Predigers geltend, und der Prediger bewegt sich dann bald in einem engen Kreis. Kirchliche Textordnungen können einem kontinuierlichen Predigtdienst zur gedanklichen Vielfalt verhelfen.

An Tagen, an denen der Predigt ein dogmatisches Thema gegeben ist, wie das in der Regel an Festtagen der Fall ist, kann der Text zum dogmatischen Gedanken einen unerwarteten praktischen Aspekt hinzufügen, das rein Dogmatische brechen und konkretisieren.

Der Text kann auch ein Niveau anzeigen, das den Prediger über das ihm zunächst liegende Tiefland seiner Interessen — und wären sie noch so „kirchlich", moralisch und zeitkritisch — hinauf- und hinüberweisen kann.

Schließlich kann ein Text die Predigt derartig lebendig beherrschen, daß das Wort des Textes selbst zur Gegenwart, daß es „gleichzeitig" wird, und die Predigt eben in der Kraft ihres Textes zum Wort Gottes wird. Das von Karl Barth so oft zitierte Wort des Reformators Bullinger „praedicatio verbi divini est verbum divinum" bezeichnet sicherlich keine Definition der Predigt, auf die man bauen könnte; aber sie bezeichnet eine sich zuweilen ereignende beglückende Erfahrung.

Literatur: Zur Liturgiegeschichte der Perikopen: G. Rietschel, Lehrbuch der Liturgik I (1900) ^{2}1951 (hrsg. v. P. Graff). P. Graff, Geschichte der Auflösung der alten gottesdienstlichen Formen in der evangelischen Kirche Deutschlands I (1921) ^{2}1937, II 1939. G. Kunze, Die gottesdienstliche Schriftlesung I, 1947 (II nicht erschienen). J. A. Jungmann, Missarum Sollemnia I (1948) ^{5}1962. K. Dienst, Perikopen, in: RGG V, Sp. 220 ff. (Lit.).

IV. Kapitel

PROBLEME DER TEXTPREDIGT

1. Tradition der Texte und Neuheit des Evangeliums

Die Textpredigt setzt eine christliche Gemeinde voraus, für welche das biblische Wort die Grundlage ihres Glaubens bedeutet. In der Regel findet diese Textpredigt im Rahmen des Gottesdienstes statt; der Text ist nach der Ordnung des Kirchenjahres bestimmt oder er ist unter Gesichtspunkten ausgewählt, die man begründen kann.

Das setzt nun der unbegrenzten Öffentlichkeit der Predigt eine deutliche Grenze. Die Reichweite der Textpredigt liegt bei der Anerkennung des biblischen Wortes als eines ursprünglichen Zeugnisses für den Glauben und bei der Kapazität der Zuhörer für den Text. Die Predigt fügt sich ganz dem Zweck des Gemeindegottesdienstes ein. Denn in ihrem Gottesdienst will sich die Gemeinde selbst darstellen, sich zum Bewußtsein ihrer selbst bringen und ihres Glaubens von neuem gewiß werden.

Gerade die Textpredigt bringt freilich auch das Problem der kirchlichen Tradition zum Bewußtsein. Der Text wird dem Prediger meistens durch eine traditionelle Ordnung aufgegeben; er ruft im Hörer alte Erinnerungen wach, er kann, wenn man es einmal in aller Schärfe so sagen will, einer in der Hl. Schrift gegründeten Gemeinde gar nichts Neues mehr sagen. Sie weiß doch alles schon oder müßte doch schon alles wissen, was der Text sagt und bedeutet.

„Neuheit“ eines Textes und damit der Botschaft, welche der Prediger zu verkündigen hat, kann also nur bedeuten, daß dieser Text, daß das „Wort“ in jeder Situation „neu“ ist. Dem liegt aber dann ein anderer Begriff von Neuheit zugrunde. Es ist nicht die Modernität gemeint, jene Neuheit, die morgen veraltet sein wird, die von einer neuen Neuheit abgelöst wird, sondern die Neuheit einer anderen Welt, des „Neuen Bundes“ (2 Kor 3, 6), in der der Geist die beherrschende Macht ist und der gegenüber auch unsere Modernitäten und unsere Jugendlichkeit zum „alten“ Wesen gehören. Damit ist zugleich die schwerste Aufgabe einer Textpredigt bezeichnet: Wird es ihr gelingen, diese Neuheit Gottes gegenüber seiner alten Welt unter Berufung auf einen altbekannten Text erkennbar zu machen?

Zunächst wirkt sich die Macht der Tradition bei der Textpredigt in einer ganz vordergründigen Frage aus: Wie kommt der Prediger eigentlich zu seinem Text? Drei Wege sind herkömmlich, die alle ihr Für und Wider haben: Die Homilie, die älteste und schwierigste Predigtform, ist die Methode fortlaufender Schriftauslegung. Ganze biblische Bücher werden Abschnitt für Abschnitt durchgepredigt. Der Vorzug liegt in der Lehrhaftigkeit, in der Erweiterung der Bibelkenntnis der Gemeinde. Allerdings setzt die Homilie auch die Kontinuität der Zuhörerschaft voraus. Der Nachteil liegt darin, daß jeder Abschnitt wichtig werden muß, daß also die Differenz des Wichtigen und Unwichtigen verschwindet. Der unausbleiblichen Monotonie kann man nur dadurch begegnen, daß man in großen Absätzen fortschreitet. Mitunter hat die radikal durchgeführte Methode der Homilie kirchliche Feier- und Festtage einfach übergangen. — Die Predigt nach der Perikopenordnung ist die heute meistgeübte Predigtform. Sie ist durch die Regelhaftigkeit der Ordnung geeignet, zentral bedeutsame Texte einzuprägen; sie gibt dem Kirchenjahr sein Recht. Die Nachteile sind: Viele Bibelstellen bleiben im Dunklen, was bei den sog. „alten Perikopen" besonders das Alte Testament betraf. Neuere Perikopenreihen ziehen zwar solche verborgenen Texte ans Licht; doch geht das nicht immer ohne biblizistische Hintersinnigkeiten und Gewalttätigkeiten ab. — Schließlich ist die freie Textwahl durch den Prediger zu nennen. Ihr Vorzug liegt in der Freiheit als solcher. Meist kommt sie kurzen Texten statt langer Abschnitte zugute; das Engagement des Predigers ist stark, doch wird leicht die Subjektivität des Predigers penetrant spürbar, bei häufig geübter freier Textwahl verengt sich das Spektrum der biblischen Texte, das der Gemeinde sichtbar wird. So wird die freie Textwahl keine Dauereinrichtung sein können, wohl aber als Aushilfe in exegetischen Verlegenheiten des Predigers nützlich.

2. Die hermeneutische Aufgabe

Wie auch immer der Prediger zu seinem Text gekommen sein mag, sobald er mit ihm konfrontiert ist, steht er vor der Frage, wie er ihm gerecht werden soll. Es ist die Frage der Hermeneutik, die sich hier in der klassischen Form der Frage nach dem Verstehen von Texten auftut, wobei die Erinnerung an den Predigtzweck zugleich eine Zuspitzung und Erschwerung des hermeneutischen Problems bedeutet.

Jeder heutige Theologe muß mit der Arbeit der theologischen Hermeneutik unserer Epoche vertraut sein, wenn er wissenschaftliche Urteilsfähigkeit in Sachen biblischer Texte in Anspruch nehmen will. Diese Hermeneutik ist mit den Namen von R. Bultmann, H.-G. Gadamer und G. Ebeling, weiter zurück mit denen Schleiermachers und Diltheys unlöslich verknüpft.

Die elementaren hermeneutischen Anforderungen, welche an den Prediger gestellt werden, betreffen die historisch-kritische Beurteilung des Textes und die Aufgabe der Übersetzung. Hinsichtlich der letzteren ist an die klassische Akademierede Schleiermachers vom 24. Juni 1813 (S. W. 3. Abt. Bd. 2, 207 ff.) zu erinnern.

Aber auch der hermeneutisch geübte Prediger benötigt für den Alltag der homiletischen Auslegung handliche Hilfsmittel. Neben dem selbstverständlichen Gebrauch historisch-kritischer Kommentare sei an Übersetzungen erinnert, besonders an solche in andere Fremdsprachen, z. B. an die Vulgata, für das A. T. an die LXX, oder auch an Übersetzungen in Fremdsprachen der Gegenwart. Auch die Auslegungsgeschichte kann aufschlußreich werden, und wäre es nur in Gestalt der Predigtliteratur über die uns vorliegenden Texte.

Die hermeneutische Aufgabe betrifft zunächst die historische Kritik am Text. Das ist deswegen nicht so selbstverständlich, wie es scheinen mag, weil man zuweilen für die Predigt anstelle der historisch-kritischen Auslegung eine „praktische" oder auch „pneumatische" (Karl Girgensohn) Exegese als Grundlage gefordert hat. Aber es gibt keinen Königsweg zum Text an der historisch-kritischen Methode vorbei. Es sei hier nur in Kürze an die wesentlichen Fragen erinnert, welche sich hier ergeben: Welcher Literaturgattung ist der Text zuzurechnen? Ist der Text in seiner uns vorliegenden Gestalt ursprünglich, welche Gründe stützen unser Urteil, wie immer es ausfallen mag? Wie ist ein Text abzugrenzen? Gehört das Vorausgehende, das Folgende noch dazu? Ist der „Rahmen" ursprünglich oder literarisch später? Wie steht es mit der „Echtheit", der Authentizität des Textes? Aber hier wäre dann sofort die Frage anzuschließen, welche Bedeutung diese Frage überhaupt hat, ganz abgesehen von der Relativität ihrer Beantwortbarkeit in vielen Fällen. Die vielleicht wichtigste Frage bleibt aber die nach der Intention eines Textes: Was will der Text eigentlich? Es ist bekannt, welchen Unterschied es ausmacht, ob man einen evangelischen Bericht als historische Nachricht oder als Botschaft („Kerygma") versteht. Die Frage nach der Intention führt aber im Falle der biblischen Texte bis vor die Schwelle der predigenden Auslegung.

Bis hierher ist die historische Kritik als ein unvoreingenommenes Instrument der Auslegung gemeint, d. h. sie will den Text nur so auslegen, wie er dasteht. Der Verfremdungseffekt wird nicht nur in Kauf genommen, er wird geradezu herausgefordert. Der Rahmen eines vergangenen Weltbildes oder einer heute kaum mehr nachvollziehbaren Sozialordnung wird sichtbar gemacht. Paränesen werden nicht als eine den heutigen Leser unvermittelt ansprechende Moral verstanden, sondern unter den strengen Voraussetzungen ihrer eigentümlichen Bedingungen (z. B. 1 Kor 5 und 6). Erst auf dem Hintergrund dieses Verfremdungseffektes werden die Besonderheiten der praktischen Auslegung biblischer Texte für die Predigt deutlich.

Sie setzt zwar die historische Kritik voraus, aber sie soll nicht verfremden, sondern den Text heranholen und dem heutigen Menschen zuwenden: Was sagt der Text heute, was sagt er „uns"? Der Prediger muß also vor der Predigt seinen Text „reflektieren", er muß, was am Text fremd und worin er für uns kompetent ist, in einer lebendigen gedanklichen Bewegung abwägen. Dabei können dann doch einige Überlegungen und Grundsätze hilfreich werden: Worin sind die Menschen, die Christen, die christlichen Gemeinden damals und heute vergleichbar?

Tauchen einer Auffassung biblischer Texte gegenüber, die an sich durchaus unbestritten ist, heute noch zusätzlich neue Probleme auf? So sind z. B. die Gleichnisse Jesu vom Reiche Gottes auf eine individuelle Begegnung und Befolgung angelegt. Aber haben sie nicht mitunter heute eine überindividuelle, „soziale" Konsequenz? Z. B. hat man daran erinnert, daß das Gleichnis vom barmherzigen Samariter (Lk 10, 25—37) heute zur vorbeugenden Fürsorge und zur großzügigen Hilfe auch über rassische und völkische Schranken hinweg aufrufen müßte.

Vorstellungen und gleichsam dogmatische Begriffe, die in vielen Texten geradezu Inbegriff der Fremdheit sind, die Gottes Handeln sozusagen in überdimensionaler Menschlichkeit zeigen (Erwählung, Bund, Vergebung der Sünden, Stellvertretung u. ä.), müssen neu begriffen, existential interpretiert werden. Sie erschließen sich, sofern man sie nicht als Mythologeme, sondern als „religiöse" Begriffe versteht, welche in einer uns fremd gewordenen Sprache und Vorstellungswelt das zum Ausdruck bringen, was durch alle geschichtlichen Wandlungen hindurch Elemente unseres Menschseins betrifft.

Man kann einen Text, eine geschichtlich weit zurückliegende Schrift in ihrem historischen Kontext verstehen, ihre Intentionen mit einem hohen Wahrscheinlichkeitsgrad richtig interpretieren, sich in die Entstehungs- und vielleicht sogar in die Wirkungsgeschichte hineinversetzen — das alles ist Sache der historischen Kritik. Aber sofern der Text seine Leser in irgendeinem Sinne, sei es religiös, philosophisch, weltanschaulich oder wie immer, in Anspruch nehmen möchte, zwingt uns auch das genuine Verstehen nicht dazu, diesem Engagement zu folgen. Einfacher gesagt: Man kann einen Text verstehen, ohne ihm zu glauben. Vielmehr kann gerade dieses genuine Verstehen der Grund dafür sein, daß wir den Glauben verweigern.

Die zur Predigt hinführende Auslegung setzt voraus, daß der Ausleger sich im Verstehen des Textes auch zur Zustimmung, zum Glauben bereitfindet. Die Ferne seiner einmaligen historischen Bedingungen, das Fremde am Text vermag nicht aufzuhalten, daß der Ausleger die Intention des Textes als auch für sich und für die Menschen, denen er darüber zu predigen vorhat, als gültig anerkennt. Die heimliche oder auch ausgesprochene Adresse des Textes „wandert" sozusagen von den damaligen zu heutigen Adressaten, von Juden zu Christen, von einer christlichen Gemeinde zu einem undefinierbaren Kreis heutiger Öffentlichkeit.

Wie man den Wandel dieser Geltung, die ursprünglich nur „damaligen" Menschen vermeint war, zu heutigen Menschen erklären soll, hat das Nachdenken kritischer Theologen seit der Aufklärung beschäftigt. Bis dahin begnügte man sich mit der Inspirationslehre, da ja ein inspirierter Text kraft der Wirkung des Hl. Geistes zeitlos gültig sein muß, oder man hatte heilsgeschichtliche Kontinuität im Auge: Was zum „Volk Gottes", zur christlichen Gemeinde oder zu „den Jüngern" gesagt ist, kann ja nicht veralten, sondern gilt zeitlos. Die Problematik beginnt daher in dem Augenblick, als der neuzeitlichen Theologie diese beiden Voraussetzungen erschüttert werden; und das ist seit der Aufklärung der Fall.

Die eine Möglichkeit ist nun die, den alten Texten und Geschichten jede Kompetenz für die Neuzeit abzusprechen. Die andere besteht darin, die lebendig empfundene Kompetenz biblischer Texte neu zu begründen. Lessing hat in seiner Schrift ›Über den Beweis des Geistes und der Kraft‹ (1777) — zunächst nur durch das Problem der Wahrheit der sog. Wunder und der Gültigkeit von Weissagungen herausgefordert — bekanntlich auf die ewigen Vernunftwahrheiten hingewiesen, welche durch sog. historische Wahrheiten nicht bewiesen werden können. Versteht man diese Auskunft richtig, so ist die Meinung Lessings offenkundig die, daß die Kompetenz des biblischen Zeugnisses für spätere Geschlechter nicht in der historischen Kontinuität begründet werden kann, weil hier die Zeit, und wäre sie noch so kurz, keine Nähe zu der göttlichen Wahrheit garantiert, welche uns die biblischen Zeugnisse „lehren" wollen. S. Kierkegaard hat dieses Lessingsche Problem bewußt aufgenommen und in neuen Denkkategorien diskutiert. Er hat in den ›Philosophischen Brocken‹ (1844) gezeigt, daß die historischen Bedingungen und Distanzen überhaupt keine Rolle spielen, ob man ein „Schüler" Jesu sei, sondern daß die „Gleichzeitigkeit" mit ihm eine Nähe des Glaubens besagt, welche gleichsam alle historischen Kategorien überspringt und hinter sich läßt.

R. Bultmanns Forderung der Entmythologisierung, und was sich daraus an neuen Anregungen für die biblische Hermeneutik ergab, hatte ebenfalls, wenn auch in gewandelter Form, dieses Problem zum Gegenstand: Wie kommen wir durch die historischen Hemmungen hindurch zu jenem Grund der biblischen Texte, um dessentwillen wir sie als Zeugnisse der Offenbarung verstehen können. Die Idee der „existentialen Interpretation" ist gedacht als Stufe auf dem Weg von der historisch-kritischen Auslegung zur Predigt über die uns fremd gewordenen Texte.

Nicht anders ist der Gedanke P. Tillichs zu verstehen, es käme auf das an, was uns, d. h. was im Grunde jeden Menschen „unbedingt angeht" (what concerns us ultimately). Die Wendung begegnet uns bei Tillich zwar in den verschiedensten systematischen Zusammenhängen, aber sie hat auch im Blick auf das Problem der Geltung biblischer Wahrheiten ihre volle Aktualität.

Was uns an den Texten unmittelbar angeht, was ihnen durch alle Arbeit der historischen Kritik hindurch eine Kompetenz für die heutige christliche Gemeinde und, jedenfalls nach Meinung der christlichen Gemeinde, auch für die Gesellschaft verleiht, das bringen wir herkömmlich und bei aller Problemhaltigkeit sachgemäß dadurch zum Ausdruck, daß wir sagen: Wir lesen den Text als Wort Gottes, oder: Wir hören ihn als Gottes Wort, er ist Evangelium. Evangelium ist die Botschaft von der durch Jesus Christus eintretenden (und eingetretenen) Veränderung und Erneuerung unserer Welt. Das bedeutet eine Glaubensaussage, welche durch die Auslegung der Texte begründet, konkretisiert und in ihren Folgen aufgewiesen werden soll. Eine Auslegung biblischer Texte als Wort Gottes darf nicht als Gegensatz zur historisch-kritischen Auslegung verstanden werden, sondern sie durchschreitet und überschreitet diese Auslegung nur, und sie kann ohne diese historische Textgrundlage keine Konkretion gewinnen.

Wir befinden uns bis hierher immer noch in der Verhandlung des Auslegungsprozesses vor der Predigt selbst. Halten wir fest, daß die praktische Auslegung auf Aussagesätze abheben muß, welche die Intention des Textes wiedergeben in dem Sinne: „Das sagt der Text uns heute". Der Begriff des Evangeliums fordert indikativische Sätze, d. h. Aussagen darüber, inwiefern — nach der Aussage des Textes — sich durch Jesus Christus die Welt verändert hat, sich Gott in Jesus Christus mitgeteilt oder auch verborgen hat, Gott etwas zu den Seinen gesagt (sich „geoffenbart") hat; wir Menschen so oder so „sind" — immer ist es eine Mitteilung, eine Nachricht, welche aus dem Text empfangen werden soll, um durch die Predigt mitgeteilt zu werden. Alle denkbaren und möglichen Imperative, Paränesen, Wünsche usw. können in einer auf das Evangelium gegründeten Predigt nur als nachträglich vermittelt werden, sie beruhen auf Indikativen.

3. Übergang zur Predigt

Im Übergang zur eigentlichen Predigt müssen diese Einsichten festgehalten werden.

a) Das Evangelium ist aktuell, es muß in der Predigt im Modus der Gegenwart hörbar werden. Es ist daher ein Mißbrauch der Exegese, wenn gelehrte Untersuchungen oder auch nur Mitteilungen über den Text sich zwischen dem Hörer und dem ihn unbedingt angehenden Wort breitmachen. Es kommt vor, daß sich die Exegese und der Rückblick in die Geschichte wie eine Trennwand vor den Text schieben und dem Hörer den Eindruck vermitteln, daß man nur mit Hilfe der Wissenschaft, über die der Hörer aber nicht verfügt, ein Christ sein kann. — Die Geschichte muß solchen Bedenken zuliebe nicht ausgeschlossen werden. Es kommt aber darauf an, sie Zug um Zug transparent für die Gegenwart zu machen.

b) Das Evangelium ist einfach. Auch die praktische Auslegung hat es darauf abzustellen, daß ein beherrschender Gedanke in die Mitte der ganzen Auslegung tritt. Alles, was sonst noch an einem Text beachtenswert erscheinen mag, muß daher dem Hauptgedanken untergeordnet werden. Darin liegt das unverbrüchliche Recht der fälschlich sogenannten Themapredigt, daß sie dem beherrschenden Gedanken als zentralem Ergebnis die gebührende Stellung gibt und das Evangelium dadurch praktisch zu Ehren bringt, daß sich das Wichtige auch für den Hörer erkennbar vom Unwichtigen oder doch Nebensächlichen unterscheiden läßt.

c) Das Evangelium muß einleuchten. Es soll so gepredigt werden, daß man verspürt, daß die „gute Botschaft" eine Hilfe ist. Das Evangelium hat es nicht nötig, daß man ihm mit Hilfe einer Autorität Nachdruck verleiht, etwa, indem man die Vernunft beschimpft, welche sich der Macht des Wortes Gottes so gerne widersetzt. Vor allem hat das Evangelium keine Verteidigung nötig. Ich komme damit zu dem nicht seltenen Fall, daß die Predigt in den Dienst der Apologetik gestellt wird. Das beginnt meistens damit, daß der individuelle Gedanke des Textes, daß seine Konkreta in den Hintergrund treten und ein allgemeiner Gedanke wie ein Schemen die Szene beherrscht. Der „Glaube überhaupt" und die Klage, daß „viele Leute heutzutage überhaupt nicht mehr glauben können" werden zum Thema. Von welchem Glauben da eigentlich die Rede ist, weiß der Prediger offenbar selber nicht mehr. Er wird zu einem nebelhaften Objekt, und es schließt sich an solche Redereien meist die Beteuerung der weltanschaulichen Unschuld der Kirche und ihrer Modernität. Kaum eine Himmelfahrtspredigt, ohne daß der Prediger in die Versuchung käme, zu beteuern, daß dieser Himmel, von dem hier die Rede ist, „natürlich nicht" der Himmel über uns ist, in den die Astronauten aufsteigen. Das Evangelium ist nach solchen Abschweifungen schwer wieder zurückzugewinnen.

d) Das Evangelium ruft nach einer konkreten Praxis. Sicher hat auch die allgemeine Moral, die etwa in der philosophischen Ethik abgehandelt wird, eine Bedeutung für die Predigt: Sie geht sozusagen dem Evangelium voraus, sie macht uns auf das aufmerksam, was der Mensch vermag oder besser, was er eigentlich zu tun schuldig wäre. Aber die Praxis, die aus dem Evangelium resultiert, ist das Liebesgebot in konkreten Situationen, sie gilt jetzt und hier und stellt mitunter Zumutungen, die nicht an jedermann gestellt werden (z. B. Mk. 10, 21). Diese Praxis kann auch dann auf große Widerstände stoßen, wenn sie unscheinbar ist, wie z. B. das Gebot der Versöhnung. Aber die Predigt, die in der allgemeinen Moral endet, droht das Evangelium aus dem Auge zu verlieren.

e) Über einen biblischen Text darf der Prediger nur eine christliche Predigt halten. Allgemeine Wahrheiten und Moral überhaupt sind sicher kein Gegenstand christlicher Predigt. Man kann unter Berufung auf einen biblischen Text in die patriotische Fanfare stoßen, man kann ebenso ein sozialistisches Programm entwickeln. Man kann über Lk 2, 41—52 je nach Zeitstimmung ein Plädoyer zugunsten der autoritären wie der antiautoritären Erziehung halten. Aber das sind keine christlichen Predigten.

4. Zur Predigt über alttestamentliche Texte

Vor allem berühren wir mit dem Postulat der Christlichkeit der Predigt die Frage der Predigt über alttestamentliche Texte. Zwar ergeben sich hier keine neuen Probleme, soweit es die Anwendung der Regeln historischer Kritik im allgemeinen betrifft. Aber kann man alttestamentlichen Texten ohne weiteres ein christliches Zeugnis abgewinnen? Zwar ist das Alte Testament Bestandteil des biblischen Kanons der Kirche. Aber es ist auch die Bibel des Judentums, und der Islam beruft sich darauf und legt es in seiner Weise aus. Sehen wir davon ab. Weite Partien des Alten Testamentes scheiden auf den ersten Blick als Texte christlicher Predigten überhaupt aus. Ein verantwortungsbewußter Prediger wird über alttestamentliche Texte nur in behutsamer Auswahl predigen können. Es bleiben zwei typische Möglichkeiten, mit

Texten aus dem Alten Testament für die christliche Predigt zurechtzukommen. Durch das Neue Testament werden Inhalte des Alten teils überboten, teils aufgehoben.

Was zunächst das Zweite betrifft, so kann die christliche Auslegung nur gegenläufig sein. Ich denke etwa an den Eudämonismus vieler Psalmen, an Texte, die ein grausames Gottesbild verkündigen, an die nicht wegzudiskutierenden Zeugnisse einer Gesetzesreligion, an den elitären Erwählungsglauben eines kleinen Volkes im Gegensatz zu seinen Nachbarn u. dgl.

Die andere Möglichkeit ist die, das für Christen Gültige mittelbar in bestimmten ausgewählten Texten bezeugt zu finden. Das Neue Testament ist mit seinem gezielten Eklektizismus der Zitierung alttestamentlicher Stellen hier der christlichen Predigt ein für allemal vorangegangen. In einer Abstufung vom Literalsinn bis zur förmlichen Allegorese, Umdeutung und Überbietung ergeben sich bestimmte Hypothesen, unter deren Geltung das Alte Testament zu einer Fundgrube für Texte christlicher Predigt werden kann.

a) Von zeitgeschichtlichen Unterschieden abgesehen, zeigt das Alte Testament den Menschen, wie wir ihn kennen und in uns wiedererkennen. Es zeigt uns den Menschen ohne ideale Verklärung, den Sünder; es ist vor allem der in seiner Geschichtlichkeit befangene Mensch, der eine Vergangenheit hinter sich und eine Bestimmung vor sich hat. Es ist nirgends der Mensch an sich. Dieser Mensch ist seiner selbst nicht mächtig, und er ist hinsichtlich seiner Vorgeschichte wie seiner Zukunft unverwechselbar er selber und kein anderer.

b) Der Gott des Alten Testamentes ist Jahwe. Daß er der Vater Jesu Christi ist, diese Voraussetzung gilt ebenso wie die erste mit allem Vorbehalt. Gott hat in diesem Buch jedenfalls viele Gesichter, und wenn schon von seiner Väterlichkeit und Güte die Rede sein soll, dann ist es eine sich erst langsam entschleiernde und sich durch viele Masken hindurch kundgebende Vatergüte.

c) Ebenso steht es mit der dritten Hypothese: Das Gottesvolk des Alten Testamentes, das „Israel nach dem Fleisch“ (1 Kor 10, 18) ist der Vorläufer der Kirche, des „Israel nach dem Geist“. Es ist eine heilsgeschichtliche Analogie, kraft deren die dem Volk Israel geltenden Verheißungen in gewandelter, spiritueller Deutung auf die Kirche, das „Volk des Neuen Bundes“ übertragen werden können. Diese Hypothese ergibt sich nicht aus dem Wortlaut des Alten Testamentes, sondern sie wird vom christlichen Glauben mehr oder minder gewaltsam auf das alttestamentliche Gottesvolk übertragen. Erst unter dieser Voraussetzung können dann auch die „verchristlichten“

Psalmen als christliche Hymnen in der Liturgie der Kirche gesungen werden.

d) Die massivste Verchristlichung des Alten Testamentes hat sich aber darin vollzogen, daß man nicht nur in den unmittelbar prophetischen Schriften, sondern auch in bestimmten „Typen“, seien es nun Vorgänge oder Personen und ihre Geschicke, Weissagungen auf Christus zu finden meinte. Aus den paarweisen Entsprechungen wie Adam—Christus, eherne Schlange (Num 21) und Kreuz auf Golgatha, aus den Steigerungen heilskräftiger Bundesschlüsse (vom Noah- zum Abrahamsbund, über den Mosesbund bis hin zum „Neuen Bund“ in Jesus Christus) wurde eine bis in die Anfänge des Alten Testamentes vorgetriebene christliche Theologie von Weissagung und Erfüllung ausgestaltet.

Ich habe hier nicht in die Zweifelsfrage einzutreten, ob diese heilsgeschichtliche Auslegung von Text zu Text dem Grundsinn eben dieser Texte wirklich entspricht. Die Frage bleibe hier unerörtert, inwieweit der neutestamentliche Schlüssel die alttestamentlichen Schlösser aufschließt. Es mag genügen, daran zu erinnern, daß in jedem Falle, auch in dem einer Predigt über alttestamentliche Texte, nur eine christliche Predigt in der christlichen Kirche legitim ist.

5. Meditation

In der Vorbereitung der Textpredigt kommt der Meditation eine besondere Bedeutung zu. Auch sie setzt die Exegese im besprochenen Sinne voraus, und doch bezeichnet sie eine eigentümliche Art des Umganges mit dem biblischen Wort. Zwei Mißverständnisse sind in unserem Zusammenhang abzuwehren.

Einerseits meint der Begriff der Meditation nicht noch einmal das, was wir als praktische Auslegung beschrieben haben. Er bezeichnet nicht so etwas wie einen Zusatz, eine Verlängerung der Exegese, wenn auch unter einem ermäßigten historisch-kritischen Anspruch. In diesem vagen Verständnis beherrscht er, von überzeugenden Ausnahmen abgesehen (z. B. M. Doerne), den Markt der weitverbreiteten sog. Predigtmeditationen. Dabei ist die Absicht unverkennbar, die „wissenschaftliche“ Auslegung aufs Anwendbare hin abzutasten, ihr „praktische“ Aspekte hinzuzufügen, die Situation des Textes an die der heutigen Zuhörer anzunähern oder vielleicht sogar anzugleichen.

Andererseits ist aber auch nicht der allgemeine Begriff der Meditation gemeint, der eine Methode der Versenkung des Menschen in sich selbst bezeichnet, der Abkehr von der Außenwelt. Die Einübung dieser

Methoden kann, wie es z. B. im Zen-Buddhismus der Fall ist, selbst als Heilsweg begriffen werden. Sie kann aber auch in der Psychotherapie Bedeutung gewinnen, kann eine Methode zur „Erfahrung des eigenen Wesenskernes“ meinen oder in „geistlichen Übungen“ der gezielten Förderung des religiösen Lebens dienen. Wir haben diese Auffassungen von Meditation hier nicht zu erörtern, sondern nur klarzustellen, daß es sich hier um einen Begriff von Meditation handelt, der für den Prediger eine Hilfe zur Bewältigung seiner Predigtaufgabe bedeuten soll. Es ist durchaus möglich, daß der Prediger und nicht nur er allein dabei einen Gewinn und eine innere Förderung erfährt, welche nicht allein am Predigtzweck gemessen werden sollen.

Angesichts eines Textes bedeutet für den Prediger die Meditation, daß der Text aufhört, ihn nur als Text zu beschäftigen. Die Meditation durchstößt den bloßen Text, d. h. seine Worte und deren historische und kritische Probleme und sucht die Sache selbst zu ergreifen, von der wir annehmen möchten, daß sie auch die Sache der heutigen Leser und Hörer sei und um derentwillen von einer im Text gesuchten Wahrheit die Rede ist. Für diese Meditation ist der Text wie ein Sprachgitter vor die Wahrheit geschaltet, die Meditation soll hindurchgreifen und diese Wahrheit so erfassen, daß der Meditierende kraft seiner Meditation diese Wahrheit in eigenen und neuen Sätzen auszusagen vermag. Meditation bedeutet angesichts eines vor uns liegenden Textes schweigende Versenkung in das, was er uns sagt; der Text und seine Worte werden für die Botschaft durchlässig, ja er verschwindet förmlich und nur noch die Wahrheit, deren Bote er sein soll, bleibt übrig. Das eigentliche Wort steht nicht mehr im Buch, sondern es geht durch uns hindurch.

In drei Schritten kann dieser Vorgang des Meditierens beschrieben werden. Zunächst müssen aus dem Text, welchem die Meditation gilt, die zentralen Begriffe bzw. die tragenden Gedanken herausgehoben werden. Wovon ist hier die Rede und was wird davon ausgesagt? Von da aus entsteht die erste Frage der Meditation: Was bedeuten diese Begriffe sonst und was bedeuten sie hier? Die Frage, was sie sonst noch bedeuten, entfernt uns radikal vom Text, was sie hier bedeuten, das führt zum Text zurück. Ich nenne als Beispiele Glück, Freude, Leiden, Friede oder Kampf, Dankbarkeit, Warten, Geduld, Hoffnung, Gebet, der Nächste, der Bruder. Man zieht gleichsam, geleitet durch diese Begriffe, auf dem Felde der eigenen Erfahrung auf Entdeckungen aus. Das Zweite schließt sich an, es erleichtert ebenso das Verfahren, wie es Schwierigkeiten zeigt. In welchen Bildern sammelt sich die Macht des Gedankens? Die johanneischen Ich-bin-Worte sind alle bildhaft, die Gleichnisse Jesu sind es wie auch die einprägsamen Prophetenworte des Alten Testamentes. Aber die Bilder tragen nicht selbstverständlich zu den gemeinten Gedanken. Wir rufen wohl Gott als den Vater an, aber es gibt für viele Menschen abschreckende Vater-Erfahrungen, welche dem biblischen Bild seine Kraft rauben. Das Bild vom „Hirten" ist wahrscheinlich schon von biblischen Anfängen her nicht eindeutig, es kann heute vollends kritisch zersetzt werden. Und doch werden auch solche Gegenbilder mit in die Meditation einbezogen werden müssen; denn das Nicht-stimmige an den Bildern kann auf Umwegen auf das Eigentliche aufmerksam machen: entartete Vaterbilder, unerwünschte Königsbilder erzwingen geradezu den Gedanken an das Eigentliche; denn warum nennen wir das entartete Bild entartet, das unerwünschte Bild unerwünscht? So zu fragen, versetzt uns mitten in die Meditation selbst. Bildhaftigkeit erleichtert und erschwert den Weg zur Wahrheit. Bildhaftigkeit ersetzt für viele des Gedankens ungewohnte Menschen die gedankliche Reflexion. Das „Bild" des anklopfenden Christus (Apk 3, 20) ersetzt dann eine ganze Predigt. Die Symbole des frühen Christentums und der Alten Kirche waren das aufgeschlagene Buch der Kirche für eine des Lesens ungewohnte Gemeinde. Für die meisten Menschen der heutigen Zeit ist die Schrift in diesem Buch verblaßt, das Symbol „sagt mir nichts mehr". Es ergibt sich folgender eigentümlicher Sachverhalt: Erleichterung und Erschwerung der Meditation eben durch ihre konstitutiven Elemente müssen selbst zu einem Bestandteil der Meditation, zum Gegenstand des kritischen „Erwägens" gemacht werden.

Und das führt dann unmittelbar zum Dritten. Die Meditation ist auf Korrelation angewiesen. Die Sprache der Bilder, der Symbole kann verstummen, die menschliche Erfahrung kann sie ihrer Eindeutigkeit berauben. Aber mehr noch: Die Meditation greift nicht nur, wie wir sahen, durch die Wörtlichkeit des Textes hindurch nach der „Wahrheit", die sich in ihm verbirgt, sondern sie muß auch den Ort suchen, wo diese Wahrheit wahr ist, wo nach ihr gefragt wird, wo nach ihr „Bedarf besteht". Es ist die Korrelation von Frage und Antwort, nur mit dem paradoxen Unterschied, daß die „Antwort" vor der Entdeckung der „Frage" liegt. Denn in diesem Korrelationsverhältnis repräsentiert das Bild, der die Meditation regierende Gedanke die Antwort; aber die Frage, das Bedürfnis muß sozusagen eben im Vollzug der Meditation erst ans Licht gehoben werden.

Im ursprünglichen Fall, unter schlichten und elementaren Voraussetzungen sieht das so aus, daß der tragende Gedanke, das Bild oder das Gleichnis unmittelbar einleuchtet und der Hörer sich und sein Leben, seine „religiöse" Frage darin wiedererkennt. Aber wir müssen auch mit dem erschwerten Falle rechnen, daß der Hörer die Kompetenz des Bildes nicht anerkennt, weil diesem Bilde in seiner ihm zuhandenen Welt keine Erfahrung entspricht. Aber in diesem Protest gegen das Bild, etwa das von Jesus als dem guten Hirten, verrät sich doch zugleich das heimliche Bedürfnis, es möchte stimmen. Der Sinn des Einspruches gegen das Bild, das vielleicht seinem Ursprung entsprechende archaische Gleichnis der Bibel, ist der: Für das, was eigentlich gesagt sein sollte, für die Not unserer Gesellschaft, für unsere individuellen Verhältnisse reicht das Bild, reicht der tragende Gedanke in seiner schlichten Ursprünglichkeit nicht aus. Dann aber gibt es im Grunde kein stärkeres Argument eben für dieses Bild, für diesen die Meditation tragenden Gedanken. Nur, daß die Meditation auch noch diesen Einspruch, sein Recht und die Konsequenzen daraus in ihre geistige Arbeit mit einbeziehen muß.

Wenn sich die Meditation solchen weiten Gängen nicht verschließt, sondern sie aufnimmt und sich zu ihnen bekennt, dann entdecken wir die Verlegenheiten in dem aller bewußten Religion entfremdeten Milieu. Wir entdecken die offenen Stellen für das Evangelium, die heimlichen Fragen, auf welche die durch die Meditation lebendig gemachten Gedanken Antwort geben. Es liegt am Tage, wie weit wir damit auch von der Exegese im strengen Sinne entfernt sind.

Diese Meditation ist auf die Predigt hin ausgerichtet. Der Prediger muß, nachdem er meditativ geschwiegen hat, in der Predigt sprechen. Zu diesem Zweck wird er die Schritte seines Meditierens schriftlich festhalten. Es widerspricht nicht der Idee der inneren Sammlung, daß die gedanklichen Schritte des Meditierens in der Form von Sätzen ins Bewußtsein gehoben und für die Predigt sagbar formuliert werden. Als letzte Frucht dieses Prozesses ergibt sich die Ordnung der Predigt.

Vermöge der Meditation geht die ganze Predigt durch einen gedanklichen Brennpunkt hindurch. Die Predigt sammelt sich im doppelten Sinne aus der Vielheit zur Einheit: Einmal aus der Vielheit der Textbeobachtungen, des Textbefundes, zum anderen aus der unübersichtlichen Lebenswelt der Zuhörer. Die Predigt muß durch den gedanklichen Fokus, zu dem ihr die Meditation verhilft, hindurchgehen, um das Wort in die Wirklichkeit der Hörer ausstrahlen zu können.

Literatur: Zum Stichwort „Vom Text zur Predigt": W. Schütz, Vom Text zur Predigt, 1968. F. Kamphaus, Von der Exegese zur Predigt, [3]1971. H. Flender, Bibeltext und Gegenwartsbezug in der Predigt, 1971. J. Tolk, Predigtarbeit zwischen Text und Situation (Beiträge zur ev. Theologie 62), 1972.

Zur Hermeneutik sei an die Grundschriften biblischer Hermeneutik in der Neuzeit erinnert: R. Bultmann, Glaube und Verstehen, Bd. 1—4, 1954 bis 1965. E. Fuchs, Ges. Aufsätze I, Zum hermeneutischen Problem in der Theologie, [2]1965. G. Ebeling, Wort und Glaube, 1960, II 1969, passim. Ders. Einführung in theologische Sprachlehre, 1971.

Zum Problem der alttestamentlichen Texte: L. Diestel, Das Alte Testament in der christlichen Kirche, 1869 (Neuausgabe in Vorbereitung). E. Hirsch, Das Alte Testament und die Predigt des Evangeliums, 1936. W. Trillhaas, Dogmatik, [3]1972 (bes. 6. Kap. Abs. 4 (Lit.!)) Vom Standpunkt eines konsequenten Biblizismus: H. Breit, Unsere Predigt über Gottes Botschaft im Alten Testament, 1958. W. Zimmerli, Das Gesetz und die Propheten. Zum Verständnis des A. T. [2]1969. Ders., Der Mensch und seine Hoffnung im A. T., 1968.

Zur Analyse von Fehlgängen der Exegese in der Predigt: M. Josuttis, Gesetzlichkeit in der Predigt der Gegenwart, (1966) [2]1969.

Zum Begriff der Meditation: W. Trillhaas, Meditation, in: RGG IV, 824—826 (Lit.). Fr. Melzer, Innerung. Stufen und Wege der Meditation, 1968. W. Stählin, Symbolon III, 1973. Kl. Thomas, Meditation. Seelsorge und Psychotherapie I, 1973.

Praktische Predigtmeditationen im Sinne von Predigthilfen (nur in Auswahl): G. Voigt, Der helle Morgenstern. Homiletische Auslegung alttestamentlicher Texte, 1956 (von dems. weitere Auslegungsbände). E. Hirsch, Predigerfibel, 1964 (2. Teil). H. J. Iwand, Predigtmeditationen, [3]1966. M. Doerne, Er kommt auch noch heute. Homiletische Auslegung der Alten Evangelien, 1972. Ders., Die Alten Episteln, [2]1973. Ferner mit verschiedener Auflagenhöhe der einzelnen Bände u. entspr. Erscheinungsjahr: W. Stählin, Predigthilfen, 5 Bde. H. Breit u. C. Westermann (Hrsg.), Calwer Predigthilfen, bisher 11 Bde. G. Eichholz, Herr, tue meine Lippen auf, 5 Bde. W. Fürst (Hrsg.), Göttinger Predigtmeditationen, laufend vierteljährlich.

V. Kapitel

PREDIGT UND KIRCHE

Predigt gehört zu den „Kennzeichen der Kirche" (notae ecclesiae). Kirche kommt durch Predigt zustande; sie steht und fällt mit ihr. Wenn die Predigt aufhört, dann hört die Kirche auf, zu sein.

Man kann das Verhältnis von Kirche und Predigt von beiden Seiten her beschreiben, und das ist nicht dasselbe. Die Kirche sendet, sie äußert sich in der Predigt, die Predigt ist die zentrale Funktion der Kirche. Gleichzeitig gilt aber auch: Die Kirche ist eine Frucht, eine Folge der Predigt. Vom einen wie vom anderen ist in diesem Kapitel die Rede. Ein dritter Gesichtspunkt muß dann noch hinzukommen. Es ist das Problem, ob die Kirche selbst zum Thema, zum Gegenstand der Predigt werden kann.

1. Predigt als Auftrag der Kirche

Hinter dem Prediger und seinem Dienst steht die Kirche. So einleuchtend dieser Satz auch ist, so bedarf er doch einer Modifikation. Die früheste Form der Predigt ist durch keine Kirche legitimiert, sondern die Apostel sind zu ihrem Dienst „unmittelbar" durch den „Herrn" berufen; mit dem Aufhören dieser unmittelbaren Berufungen endet auch das apostolische Amt und die apostolische Predigt in der Gemeinde, und es ist fortan die „Kirche", die zur Predigt legitimiert. Wir können daraus den Schluß ziehen, daß die christliche Predigt ihrem Wesen nach der Legitimation bedarf; sie ist legitimiertes Wort. So sehr auch die Verantwortung für den Inhalt der Predigt auf dem Prediger persönlich lastet, so ist er bei aller Freiheit doch im Dienst. Er übt, nachdem die Tage der Apostel vorbei sind, ein Amt der Kirche aus, ganz gleich, wie dieses Amt der Kirche theologisch begründet werden mag. Selbst der sog. Laienprediger, der vielleicht nur dieses eine Mal den Predigtdienst ausübt, übernimmt eben für diesen einen Fall ein Amt der Kirche.

Was ist das für eine Kirche, welche dem Prediger Rückhalt und Auftrag zu seiner Predigt gibt? Kirche ist zunächst ein theologischer Begriff, der den Begriff der rechtlich verfaßten, institutionellen, „sichtbaren" Kirche (ecclesia visibilis) weitaus überbietet. Diese Kirche überdauert den gesellschaftlichen, rechtlichen und politischen Wandel der kirchlichen Institutionen. Es ist die Gemeinde der Gläubigen, die ihres Herren Stimme hören und auch in Anfechtung und Leiden sein eigen sind. Die sichtbare Kirche, die unter den Bedingungen der gesellschaftlichen Ordnung der jeweiligen Zeit rechtlich organisierte Kirche will und soll diese Kirche im theologischen Sinne repräsentieren. Die institutionelle, sichtbare Kirche wird ganz und gar daran gemessen, wieweit sich in ihrem Leben und Dienst die geistliche Kirche, also die Kirche nach ihrem theologischen Begriff, verwirklicht. Die institutionelle Kirche existiert natürlich unter den gebrochenen Bedingungen weltlicher Notwendigkeiten, sie fügt sich den Gesetzen und dem Stil ihrer Epoche, sie spricht die Sprache ihrer Zeit. Alles das ist durch ihre Pflicht zum Dienst an den Menschen, unter denen sie lebt, gerechtfertigt, es ist kein Widerspruch zu dem theologischen Begriff der Kirche, den sie übrigens in ihrem „Bekenntnis" für jedermann öffentlich und rechtlich verbindlich ausgesprochen hat. Natürlich besteht immer eine Spannung zwischen dem reinen Begriff von Kirche und ihrer Realität; das liegt in der Natur der Sache. Aber es gibt Gründe genug, daß sich diese Spannung zwischen der Kircheninstitution und der „wahren Kirche" zum Gegensatz und zum Konflikt verschärfen kann. Dann muß die Institution der Kirche zu dem Bilde hin, das sie eigentlich repräsentieren soll, verändert, „reformiert" werden.

Was die Predigt betrifft, so wurzelt in dem besprochenen Unterschied nun auch ein tiefgreifender Unterschied hinsichtlich der Legitimierung der Predigt. In der Regel haben wir die Predigt vor Augen, welche durch die institutionelle Kirche, durch die „ecclesia visibilis" legitimiert ist. Es ist die Predigt auf Grund einer ordentlichen Berufung. Davon ist aber immer grundsätzlich eine andere Predigt zu unterscheiden, welcher dieses Merkmal fehlt. Auch diese Predigt muß sich christlich legitimieren; aber diese Legitimierung kann nur eine außerordentliche sein. Um ein weiteres Mißverständnis abzuwehren: Der Unterschied zwischen der kirchlich legitimierten und der außerordentlich ergehenden Predigt ist kein Unterschied der Adressaten. Es ist nicht so, daß etwa die eine sich an Christen und die andere Predigt sich an die Öffentlichkeit überhaupt wenden würde. Vielmehr sind beide Predigten in die Öffentlichkeit gestellt, beide sprechen die christliche Gemeinde im Horizont ihrer öffentlichen Existenz und unter dem Gebot der geschichtlichen Stunde an.

Aber nun soll sowohl zur „kirchlichen" Predigt wie zu der Predigt, welche außerordentliche Legitimation in Anspruch nimmt, noch einiges bemerkt werden.

a) Die institutionelle Kirche, die „sichtbare Kirche" ist die Gemeinde Jesu Christi in der Existenzform der geschichtlichen Zeit. Sie ist für die kirchliche Predigt, von der hier zunächst die Rede sein soll, der „Ordnungsrahmen". Es ist dabei verhältnismäßig gleichgültig, ob wir uns diese Kirche als Einzelgemeinde, als Landeskirche oder als Universalkirche vorstellen. Es ist jedenfalls jene Kirche, welche kraft ihrer rechtlichen Verfassung die Sendung des Predigers und den Auftrag zu seinem Dienst verantwortet. Ob die Organe dieser Kirche episkopale, synodale oder anderer Art sind, ist zwar an sich nicht nebensächlich, doch für unsere Überlegung zweiten Ranges. Selbstverständlich nimmt diese Kirche samt ihren Predigern und ihrer Predigt aufs tiefste am Strukturwandel ihrer Zeit teil. Und wenn hier das Wort Ordnungsrahmen gebraucht wird, so schließt das in keiner Weise aus, daß der Prediger in jedem Falle ganz und gar er selbst, ganz und gar ein einzelner ist und daß er, was er sagt und tut, immer zugleich auch als dieser einzelne zu verantworten hat.

Dieser kirchliche Ordnungsrahmen ist vierfach. Er betrifft 1. den konkreten Predigtauftrag: der Prediger ist an diese Gemeinde, an diesen Ort und an diese bestimmte Stunde gewiesen. Seine Predigt geschieht 2. innerhalb einer bestimmten liturgischen Ordnung: Die Predigt schließt sich mit dem Gesang der Gemeinde, mit den Gebeten, Lektionen und der Eucharistiefeier zu einer Einheit des Gottesdienstes zusammen, auf den die Versammelten vorbereitet sind und auf den sich, allen Wechsel eingerechnet, und einschließlich aller Neuheit der Verkündigung die bestimmten Erwartungen der Gemeinde richten. Ferner vollzieht sich auch 3. der Umgang mit der Bibel in einem vorgezeichneten Ordnungsrahmen: Die Ordnung der Predigttexte und die vorbereitenden und begleitenden Schriftlektionen entsprechen kirchlicher Ordnung, und selbst der vom Prediger freigewählte Text kann nicht ohne das unausgesprochene Einverständnis der Gemeinde, nicht ohne die vom Zuhörer mitempfundene sachliche Begründung gedacht werden. Schließlich ist 4. bei aller Freiheit des Predigtwortes an den Umschluß durch den gemeinsamen Glauben der Kirche, durch das den Gottesdienst tragende Bekenntnis zu erinnern. Die Ordnung des Kirchenjahres benennt die „dogmatischen" Themen, welche der Predigtverkündigung die Richtung anzeigen.

Würde der Prediger diesen Ordnungsrahmen mißachten, so würde das bedeuten, daß die Gemeinde seiner Willkür ausgeliefert ist. Trotzdem ist zu diesem provokativen Begriff des Ordnungsrahmens zweierlei hinzuzufügen. Einmal: Wo Geist, Phantasie und Initiative fehlen, da bedeuten die Elemente der kirchlichen Ordnung wohl noch eine tragende Kraft und eine Hilfe für den Vollzug des Gottesdienstes und der Predigt. Aber sie bedeuten eben vor allem Konvention. Und davon kann die christliche Gemeinde auf die Dauer nicht leben. Wo die Ausfüllung des Ordnungsrahmens konventionell wird, da drängt sich dieser Ordnungsrahmen selbst übermächtig ins Bewußtsein aller Beteiligten und lähmt sowohl den Prediger als auch die Gemeinde, was freilich oft nur dem kritisch beobachtenden Außenstehenden in ganzer Schwere zum Bewußtsein kommt.

Und das andere: Je mehr der Ordnungsrahmen mit Leben und wechselvollem Inhalt gefüllt wird, um so mehr tritt er in den Hintergrund. Aber auch für den Wechsel der Strukturen des Gottesdienstes gelten die vier Gesichtspunkte: Ort und Zeit, Ordnung und Formen des Gottesdienstes sind der Veränderung unterworfen, der Sprachwandel wird sich in dem Gebet und Lied der Gemeinde bemerkbar machen und auch das Bekenntnis der versammelten Gemeinde sprachlich verändern. Aber in diesem Wandel darf und kann keine Willkür herrschen. Auch im Wandel muß der Prediger jeder Generation die Kirche hinter sich wissen, die in der Versammlung seiner Hörer repräsentiert ist und doch darin nicht aufgeht.

b) Daneben gibt es die Predigt, welche nicht in dem beschriebenen Sinne durch die institutionelle, „amtliche" Kirche autorisiert und legitimiert ist. Es ist der Fall der außerordentlichen Berufung (vocatio extraordinaria) zur Verkündigung. Da es sich bei dieser außerordentlichen Herkunft christlicher Predigt, d. h. also bei dieser Predigt, die sich auf keine kirchliche Sendung berufen kann, zunächst nur um formale, überdies negative Kriterien handelt, mag es nicht verwunderlich sein, daß die hier einschlägigen Fälle vom Erhabenen bis zum Banalen reichen. Es gilt zunächst vom apostolischen Amt, das vom Herrn der Kirche gestiftet ist und dessen Dienst nicht von irgendeiner „Kirche" geordnet ist. Dann sind die Propheten zu nennen, wobei vor allem an das prophetische Charisma in den frühen christlichen Gemeinden zu denken ist (1 Kor. 12, 28 f.; 14, 26 ff.). Es ist ferner an den Prediger zu denken, der in seiner Predigt die kirchliche Ordnung verläßt, den „Ordnungsrahmen" überschreitet, oder der seinen Dienst von vorneherein außerhalb der bestehenden kirchlichen Ordnung ausübt, was ihn dann im gängigen kirchlichen Urteil zum „Sektierer" macht.

Für alle diese Fälle gilt nun grundsätzlich, daß keiner aus der Pflicht entlassen ist, sich zu legitimieren. Das ist kein kirchliches oder theologisches „Gesetz" — wie sollte ein solches zu denken sein? —, sondern es liegt in der Natur des Anspruches. Darum ist auch das apostolische Amt dadurch autorisiert und ausgezeichnet, daß der Apostel (wie in ganz anderer Art der alttestamentliche Prophet) eine Berufungsgeschichte hat. Paulus war durch seine Sonderstellung wiederholt genötigt, sich bezüglich seines Apostolates ausdrücklich zu legitimieren: 1 Kor 9, 1 ff.; 15, 8 ff.; 2 Kor 11, 5 ff.; 12, 11 f.; Gal 1. Bezüglich der Prophetie war es immer viel schwerer, diese zu legitimieren. Der Geistbesitz kann eigentlich nur durch die Erfahrung erkannt werden. Daß die Weissagung dem allgemeinen christlichen Glauben nicht widerstreiten, sondern sich mit ihm in „Analogie" befinden soll (Röm 12, 6), ist auch ein Kriterium, das zur Legitimierung beitragen soll. Die Reformation hatte das Problem der außerordentlichen Berufung in Gestalt der enthusiastischen Bewegungen drastisch vor Augen. Der Verdacht, daß es sich bei dem Geist, auf den sich die Wanderprediger berufen haben, um der Herren eigenen Geist handelte, hat die Reformation veranlaßt, die Türen der Kirche vor den „Schwärmern" zu verschließen und den breiten Strom des Enthusiasmus ins Abseits zu drängen. Er ist seither eine unerledigte Anfrage an die Theologie und Kirche aller Konfessionen geblieben.

Für diese außerordentliche Predigt ist das besprochene Ordnungsschema kirchlicher Predigt nicht bindend. Das liegt sozusagen im Begriff: Es handelt sich um die christliche Predigt außerhalb jedes kirchlichen Ordnungsrahmens. Es ist aber nicht ausgeschlossen, daß sich diese außerordentliche Predigt innerhalb der kirchlichen Ordnung ereignet, daß sie sozusagen ausbricht, daß sich ein „ordentlich berufener" Prediger plötzlich auf eine außerordentliche Berufung gründet und in den Konflikt mit der kirchlichen und evtl. auch mit der öffentlichen Ordnung tritt.

Wie auch immer: Der Anspruch der Außerordentlichkeit stellt die Predigt in einen freien Raum, in dem sie nicht mehr durch eine kirchliche Legitimation gedeckt, indem sie wahrscheinlich durch keine Ordnung überhaupt geschützt ist. Es ist die Predigt, welche das Risiko des Konfliktes auf sich nimmt. Es ist durchaus denkbar, daß in Kirche und Öffentlichkeit viele erkennen — freilich oft auch erst im geschichtlichen Rückblick —, wie sehr die außerordentliche Predigt recht hat oder doch recht gehabt hat. Aber die außerordentliche Predigt kann sich auf diese Solidarität der Einsicht nicht verlassen; schlechte oder auch gute Gründe können die offizielle Kirche wie die öffentliche Macht veranlassen, sich dem Anspruch der außerordentlichen Predigt zu widersetzen, sie abzulehnen, ihr jedenfalls (vielleicht nur situationsbedingt) die Solidarität zu verweigern. Die außerordentliche Predigt ist in besonderem Maße dem Risiko des Martyriums ausgesetzt.

2. Kirche als Wirkung der Predigt

„Kirchlichkeit der Predigt" (K. Barth) besagt aber nicht nur, daß der Prediger eine sendende und ihn legitimierende Kirche hinter sich hat. Vielmehr ist die Kirche immer auch eine Frucht, eine Wirkung der Predigt. Wo das Wort Gottes vollmächtig gepredigt wird, da sammeln sich Menschen, da entsteht eine Gemeinde der Glaubenden, und diese Versammlung (congregatio sanctorum oder auch vere credentium in der Sprache der alten Bekenntnisse) ist Kirche.

Das hat zunächst eine Folge für den Kirchenbegriff. Denn hier zeichnet sich die Kirche im reinen Sinne ihres theologischen Begriffes ab; die geistliche Kirche, die wahre Kirche oder wie immer man sie als solche bezeichnen mag. In diese geistliche Kirche wird man nur durch das Wort Gottes, durch die lebendige Verkündigung berufen, was nicht ausschließen muß, daß sich das auch in den frühesten Lebenstagen ereignen kann. Diese Berufung wird durch die Sakramente besiegelt und bekräftigt, und es ist daher sachgemäß, daß sie als „sichtbares Wort" bezeichnet werden (verbum visibile); denn sie leisten ja denselben Dienst wie das „hörbare Wort" (verbum audibile): sie rufen Menschen zu Christus und fügen sie dem Leibe Christi ein.

Auch für die Predigt hat es eine weitreichende Folge, wenn durch sie Kirche entstehen soll. Es muß nämlich zugestanden werden, daß nicht alles, was der äußeren Form und dem konventionellen Anspruch nach als Predigt ausgegeben wird, wirkliche Verkündigung des Wortes Gottes ist. Es ist möglich, daß eine sog. Predigt entsprechend den Schulregeln alle Kennzeichen der „rechten Lehre" und, was heute noch schwerer wiegen mag, der korrekten Exegese an sich trägt, und doch keinen einzigen Menschen einlädt, daß sie keinen Hauch der „frohen Botschaft" verspüren läßt, sondern daß sie in Moral, Ressentiment über die Gegenwart und anderem fremden Gestrüpp steckenbleibt. Und es ist andererseits möglich, daß die Predigt den „Ordnungsrahmen" verläßt und doch zu einem effektiven Dienst zur Sammlung und Erweckung einer christlichen Gemeinde wird. Eine solche Predigt ist ein Ereignis, für dessen Gelingen es letztlich keine zuverlässigen Regeln, und für dessen Feststellung es keine sicheren Kriterien gibt. Wo sie sich aber ereignet, da „geschieht Kirche" (Fr. Gogarten).

Aber von dieser Kirche muß man nicht sprechen. Sie kann auch verschwiegen werden. Denn alles Reden von Kirche stellt diese Kirche nicht her, wenn sich das leben- und glaubenweckende Wort nicht ereignet. Wo die frohe Botschaft der Verkündigung ihren Weg zum Menschen bahnt, da geschieht Kirche in dem Sinne, daß man es gar nicht mehr ausdrücklich sagen muß. Anders ausgedrückt: Die Predigt ist darin im höchsten Maße „kirchlich“, daß sie keine förmliche Kirche vor sich hat, welche ihr als Adresse vor Augen stehen müßte, sondern sie ergeht immer an die Menschen ihrer Zeit, sie ist öffentlich in dem Sinne von Offenheit. Das Salz des Reiches Gottes (Mt 9, 49 ff.), der Sauerteig des Himmelreiches (Mt 13, 33 ff.) durchdringt die menschlich irdischen Verhältnisse, ohne daß den daran beteiligten Leuten darüber eine Theorie bewußt wird, und ohne daß man auch noch ausdrücklich von Kirche spricht.

3. Kirche als Thema der Predigt

Ist dann die Kirche überhaupt noch ein legitimes Thema der christlichen Predigt? Die Frage scheint mit dem Vorausgegangenen negativ entschieden zu sein. Man kann sogar noch einen Schritt weitergehen. Das ausdrückliche Sprechen von der Kirche kann die Glaubwürdigkeit der Predigt geradezu verhindern. Das gilt in doppelter Hinsicht.

Es gilt einmal für den Prediger selbst. Er darf nicht hinter der Kirche persönlich unsichtbar werden. Der Zeugendienst des Predigers hängt schlechterdings davon ab, daß er in seinem Dienst er selber bleibt, daß er persönlich für das einsteht, was er sagt. Der Prediger ist nicht Sprachrohr und Funktionär der Institution „Kirche“. Er hat nicht wiederzugeben, was die Kirchenleitung meint oder eine theologische Gruppe, die sich für die Kirche hält. Das gehört zu den Schwierigkeiten der Predigt, daß der Prediger allemal das, was er sagt, selber verantworten muß, auch wenn vielleicht die Gedanken und Formulierungen nicht von ihm selber stammen. Aber wenn er sie gebraucht, muß er sie sich zu eigen gemacht haben.

Zum anderen: Man darf die „Kirche“ nicht zwischen das Evangelium und die Zuhörer schalten. Wo es in der Predigt und durch die Vermittlung ihres Dienstes zu einer Begegnung des Menschen mit dem Evangelium kommt, da geschieht Kirche, aber es kann nicht außerdem auch noch von der Kirche die Rede sein. Die im Hören versammelte Gemeinde ist selbst die nicht mehr zu überbietende Darstellung von Kirche. Eine zusätzliche Berufung auf „die Kirche“, etwa auf ihre Lehre, die Zeugniskraft ihres verfaßten Bekenntnisses oder ihrer Ordnung verstärkt nicht die Wirkung des Wortes, sie macht die Predigt nicht noch glaubwürdiger, als sie es (im günstigen Falle) durch die Evidenz des Evangeliums selber ist.

Dennoch ist die Kirche in ihrem Grundverständnis ein legitimes Thema der Predigt; denn sie ist als Gemeinde, als Leib Christi oder als Tempel Gottes in der Breite vieler Differenzierungen Gegenstand des Zeugnisses und der Paränese im Neuen Testament. Die Kirche gehört ins Credo, die Kirche ist integrierender Gedanke im Vollzug kirchlicher Handlungen: bei der Taufe, bei Konfirmation und Amtsübertragung (Ordination). Das bedeutet, daß sie als legitimes Thema der Predigt nicht ausgeschlossen werden kann. Man kann der christlichen Predigt überhaupt kein Themaverbot auferlegen.

Aber es gibt Situationen, in denen sich die Rede von der Kirche als unsachgemäß erweist, und es gibt Situationen, in denen die Predigt von der Kirche sprechen muß. Abgesehen von den genannten Amtshandlungen ist an die Predigt zu Ostern und Pfingsten zu erinnern. Eine besondere Situation im eigentlichen Sinne des Begriffs sind Bedrängnisse und Verfolgungen. Sie sind immer dann anzunehmen, wenn der christlichen Gemeinde ihre elementaren öffentlichen Rechte versagt werden, wenn ihr die Zugänge zur Öffentlichkeit verschlossen werden, wenn ihr Dienst behindert und Druck auf die Gläubigen ausgeübt wird. Die Predigt muß aus zwei Gründen davon sprechen und dazu Stellung nehmen. Einmal in unmittelbarer Verantwortung für die christliche Gemeinde; denn in solchen Situationen sind die Christen angefochten. Zugehörigkeit zur „Gemeinde der Gläubigen" gehört zur christlichen Praxis, und es ist eine schlichte Pflicht der Predigt, die Christen darin zu stärken und ihnen Orientierungshilfe in der Bedrängnis der Kirche zu geben. Der andere Grund liegt in dem öffentlichen Charakter der Predigt. Jede derartige Verfolgung ist von öffentlichem Interesse, und wäre es auch nur um der säkularen gesellschaftlichen Kategorien willen, der Bedrohung der religiösen Freiheit und dergleichen.

Freilich schließt sich hier die Gefahr einer Täuschung der Kirche über ihre eigenen Möglichkeiten unmittelbar an. So dringend das eben bezeichnete Interesse sein muß, so gering ist das Interesse der Öffentlichkeit für Kirchen- und Konfessionspolitik, für innerkirchliche Auseinandersetzungen und klerikale Vorgänge, selbst wenn sie sich auf internationalem Parkett vollziehen. Während oftmals die verfaßte Kirche, die kirchliche Institution die Dringlichkeiten nur schwer abzuwägen versteht, wartet nicht nur die christliche Gemeinde, sondern der sachlich gesinnte Zeitgenosse nicht auf die Selbstbespiegelung der offiziellen Kirche, sondern auf das Evangelium.

Literatur: In den Leitsätzen der Homiletik von K. Barth ist der zweite der „Kirchlichkeit" und der achte Leitsatz der „Gemeindemäßigkeit" der Predigt gewidmet. — Zu dem Ausdruck „Kirche geschieht“ vgl. Fr. Gogarten, Die Kirche in der Welt, 1948, 161 ff. —A. M. Ritter u. G. Leich, Wer ist die Kirche? 1968. — A. Stein, Evangelische Laienpredigt. Ihre Geschichte, ihre Ordnung im Kirchenkampf und ihre gegenwärtige Bedeutung, 1972.

VI. Kapitel

DER PREDIGER

Sooft die Kirche durch die Predigt ihre Sache zur Sprache bringt, legt sich die Last der Verantwortung für diesen öffentlichen Dienst auf die zwei Schultern eines Predigers. Es hilft ihm wenig, daß er dabei „die Kirche" hinter sich wissen darf, oder daß er im Einverständnis mit einem Team predigt oder durch einen Dialog vorbereitet oder gestützt wird.

Die Reformation hat den Grundsatz zu Ehren gebracht, daß kein Gottesdienst ohne Wort Gottes sein dürfe. Aber es ist ein protestantisches Vorurteil, daß das in jedem Falle die Abhaltung einer Predigt bedeuten müsse. Man rechnet nicht damit, daß man des Predigens müde sein kann.

Dem entspricht ein zweites protestantisches Vorurteil, daß jeder im Dienste der Kirche stehende Theologe auch zum Prediger geeignet sein müsse. Man rechnet nicht damit, daß er das nicht ist und seine Gaben auf anderem Gebiet liegen.

Aus diesen anspruchsvollen Erwartungen, die sich auf die Person des Predigers richten, ergeben sich die Probleme, die in den folgenden Abschnitten verhandelt werden sollen.

1. Legitimation und Qualifikation zur Predigt

Die kirchliche Theologie hat sich im Laufe ihrer langen Geschichte bei der Frage des kirchlichen Amtes mit der Frage seiner Rechtmäßigkeit und seiner Rechte befaßt. Ganz allgemein gilt, daß nur der „Berufene" (rite vocatus) zum kirchlichen Dienst berechtigt ist. Für diese Berufung (Ordination) haben dann die konfessionellen Theologien je verschiedene Grundsätze und Regeln aufgestellt.

Aber hinter dieser Frage der Legitimation zum kirchlichen Dienst ist die andere Frage der Qualifikation ganz zurückgetreten. Wer ist zu diesem Dienst überhaupt geeignet? (Vgl. 2 Kor 2, 16.) Man kann diese Frage, besonders im Blick auf das Predigtamt, in einem eminenten Sinne verstehen, der die negative Antwort schon in sich trägt: Kein Mensch ist würdig und fähig, kompetent von Gott zu sprechen und ihn zu bezeugen. Wenn man aber davon ausgeht, daß es sich bei der Verantwortung des Predigers um einen menschlichen Dienst handelt, um eine Aufgabe, die sich ungeachtet der hintergründigen Dimensionen in menschlichen Kategorien hält, dann bleibt immer noch genug des Bedenkenswerten übrig.

Predigen „darf" vor allem nur derjenige, welcher auch predigen „kann". Der Prediger muß frei sprechen können, aber „freie Rede" bedeutet nicht „leichte Zunge". Predigen ist jedenfalls mehr, als ein Manuskript ablesen. Und darum schließt die Sorgfalt der Vorbereitung einer Predigt auch ein, sich in der freien Rede einzuüben. Ferner gehört zum Predigen eine gewisse „poetische Gabe". Das will richtig verstanden sein: „Poiesis" bedeutet die Kraft der Gestaltung. Jeder Prediger kommt in die Lage, daß er etwas erzählen muß. Wenn er das wirklich kann, dann ist er nicht darauf angewiesen, erdachte, allenfalls mögliche „Geschichten" als Beispiele für seine Gedanken aufzubieten. Diese Gestaltungsfähigkeit macht den Prediger von Lesefrüchten unabhängig, oder sie befähigt ihn zum mindesten, mit dem Gelesenen so umzugehen, daß es nicht mehr als angelesen wirkt. Die Gabe der Anschaulichkeit läßt sogar einen vermeintlich abstrakten Gedanken zu einer einleuchtenden Vorstellung werden. Diese Gabe der Anschaulichkeit und Phantasie verhilft dem Prediger auch dazu, die Schranke konventioneller Auslegungen zu übersteigen, einem Gedanken, einer Sache „neue Seiten abzugewinnen".

Zu den für einen Prediger erforderlichen Gaben gehört auch die der gedanklichen Klarheit. Man muß wissen, was man sagen will und muß es formulieren können. Kann ein einigermaßen kluger Zuhörer nach dem Gottesdienst wiederholen, worauf es dem Prediger in seiner Predigt angekommen ist?

2. Die Selbstfindung des Predigers

Es soll nun von der Methode die Rede sein, sich auf die Predigt vorzubereiten. Der Prediger soll natürlich ein inneres Verhältnis zu der „Sache" haben, die er in seinen Predigten vertritt. Er muß vor der einzelnen Predigt konkret wissen, was er heute und hier sagen will und sagen „muß". Aber bis dorthin, wo er es wirklich sagen kann, ist ein weiter Weg.

Vom Methodischen gilt grundsätzlich hier zweierlei. Zunächst ist es gut, eine bewährte und wohlbegründete Methode zu lernen. Dann aber muß jeder Prediger seine eigene Methode finden. Und das bedeutet immer eine Entwicklung vom einen zum anderen. So wichtig es ist, sein Predigtvorhaben schriftlich niederzulegen, so nötig ist es, von der Fessel des Geschriebenen wieder loszukommen. Die Predigt ist lebendiges Wort (viva vox evangelii), und nicht die Wiedergabe eines Manuskriptes, sondern eine originäre, d. h. jetzt und hier geborene Aussage und Anrede.

Das hat aber eine Voraussetzung. Man kann nur dann frei predigen, wenn man die Sache der Predigt ganz in sich aufgenommen hat. Hier entscheidet es sich, ob der Prediger seine eigene Methode gefunden hat. Das setzt aber Wandlungen des Predigers voraus. Er muß den Mut zu kritischer Veränderung seiner zunächst erlernten Methode haben. Allerdings kann das Ziel der Veränderung nicht darin liegen, sich einem Gesetz zu entwinden, um sich einem neuen anderen Gesetz zu unterwerfen. Auch ist der Sinn dieser Wandlung nicht der, es um jeden Preis anders zu machen, sondern es ist die Selbstfindung. Es geht nicht darum, eine andere, sondern die „eigene" Methode zu finden. Es ist ein Vorgang, der die Persönlichkeit des Predigers betrifft, eine innere Wandlung und in mancher Hinsicht auch eine „Bekehrung".

Je nach dem Alter des Predigers ist seine Predigt durch charakteristische Stärken ausgezeichnet oder durch ebenso eigentümliche Schwächen bedroht. Der junge Prediger verfügt nur über eingegrenzte menschliche Erfahrung. Er pflegt das auszugleichen durch radikale Gedanken, durch Intellektualität und dadurch, daß ihm die Lektüre den eigentlichen Wirklichkeitsbezug ersetzt. Er merkt dabei kaum, daß das von der Lebenswelt seiner Zuhörer ebenso weit weg ist, wie es die historischen Bezüge und Erinnerungen waren, mit denen frühere Generationen vielfach ihre Predigten drapiert haben. Wo sich der junge Prediger dem Realismus verschreibt und seine Sinne offenhält, da ist er auf gutem Wege, die Einseitigkeiten des Anfanges zu überwinden.

Demgegenüber wird der „alte" Prediger mit vollem Recht seine Erfahrung spüren lassen. Seine Gefahren sind andere: Er neigt in der Regel dazu, sich auf bestimmte Gedanken einzuschwören, bestimmte Textgruppen gewinnen bei ihm eine Monopolstellung. Er merkt kaum, wie er immer wieder dasselbe sagt und dazu vielfach noch, ohne ein Ende zu finden. Er ist vielleicht noch mehr als der junge Prediger zur Selbstkritik veranlaßt. Er muß neue Gedanken aufnehmen, sich in ihnen einüben und sich hüten, sie nur kritisch abzuwehren. Er muß sich zu straffer Gedankenführung zwingen, seinen Sprachstil überwachen und sich so auf das Ziel seiner Predigt konzentrieren, daß dieses auch in einem unverzögerten und eindeutigen Ende der Predigt zum Ausdruck kommt.

3. Zeichen innerer Unsicherheit: Polemik und Apologetik

Die Aufgabe der Selbstfindung hat auch eine negative Seite. Es gibt typische „klerikale“ Schwächen der christlichen Predigt, die ganz unabhängig davon sind, ob es sich um junge oder alte Prediger handelt. Sie teilen sich dem Prediger dadurch mit, daß er sich infolge seines kirchlichen Dienstes in innere Unsicherheiten gedrängt fühlt. Es gehört immer ein gewisser Mut dazu, die Luft seiner Zeit einzuatmen. Selbst der junge Prediger entdeckt früher, als ihm lieb ist, daß die Zeit sich seit seinen Studienjahren bis zum Befremdlichen hin verwandelt hat. Das oft undeutliche Gefühl der Unsicherheit und Entfremdung von der Gegenwart äußert sich auf doppelte Weise. Es sind typische Entgleisungen der Predigt, die in jeder Generation in zeitentsprechend unterschiedlichem Gewande wiederkehren. Die eine ist die Polemik, die andere die Apologetik.

Mit Polemik ist hier nicht jede Art von Angriff und Verurteilung innerhalb der Predigt gemeint. Es kann sehr wohl im Auftrag der christlichen Predigt liegen, „gegen“ jemanden oder „gegen“ eine Sache Zeugnis abzulegen. Ein derartiges Zeugnis kann keine Rücksicht auf den Beifall der Zuhörer nehmen, und es kann teuer zu stehen kommen. Was ich hier als Polemik in der Predigt anspreche, hat andere Hintergründe und Absichten. Es ist die Wendung gegen weltanschauliche Irrtümer, gegen vermeintlichen moralischen und religiösen Verfall und oft auch gegen dem Prediger suspekte politische Autoritäten. Der Prediger ist bei solcher Polemik in der Regel der inneren Zustimmung seiner Zuhörer sicher, er weiß, daß er ihre heimlichen Ressentiments bestätigt. Der Gegner ist nicht persönlich anwesend, der Sieg ist dem Polemiker gewiß. Aber diese Polemik ist meist eine Überkompensation der uneingestandenen Ängste des Predigers vor seiner Zeit. Oft ist er auch nicht zureichend über das informiert, was er bekämpft. Aber nehmen wir an, der Prediger hätte keine Zerrbilder entworfen, sondern seine Behauptungen seien wahr: dann ist die entscheidende Frage, ob diese „Wahrheit“ dieselbe ist, welche dem Prediger zu verkündigen aufgetragen ist. Es läßt sich gewiß nicht bestreiten, daß die christliche Gemeinde durch viele Zeiterscheinungen verunsichert wird, durch den Bruch geistiger Traditionen und moralische Stilbrüche. Solche Erfahrungen können in der Tat eine christliche Gemeinde verstören, sie können ihr zur „Anfechtung“ werden. Aber die Polemik ist keine wirksame und vor allem keine legitime Hilfe dagegen. Die Befestigung der Gemeinde in der christlichen Erkenntnis selbst ist die einzig mögliche Aufgabe der Predigt. Das schließt nicht aus, daß man alle die Zuhörer wie den Prediger betreffenden Zeiterscheinungen wahrnimmt, daß man sich selbst und dann die Zuhörer sorgfältig informiert, daß man zu verstehen versucht; aber auch wenn man zuletzt Grenzen und Unterschiede feststellen muß, wird doch keine Polemik mehr nötig sein.

Auch die Apologetik ist ein Symptom innerer Unsicherheit des Predigers. Polemik ist die Bestreitung einer fremden Position, Apologetik ist die Verteidigung der eigenen Stellung, oft geradezu der Grundlagen des christlichen Glaubens. Inhaltlich erweist sich die Apologetik als Versuch, für die „religiöse Wahrheit", oft einfach für „den Glauben" oder für die Glaubwürdigkeit eines biblischen Berichtes noch andere Argumente aufzubieten als religiöse. Apologetik meint in diesem Zusammenhang eine Stützungsaktion für den christlichen Glauben unter Zuhilfenahme fremder Kategorien. Es gibt typische Wege der Apologetik: biblische Berichte von sog. „Wundern" werden als naturwissenschaftlich denkbar erklärt; da wird der Zuhörer vom Glauben an die Elemente vergangener Weltbilder dispensiert und es wird die Modernität dessen entdeckt, was „noch vor ein oder zwei Generationen" als überwunden bezeichnet wurde. Es setzt ein wahres Liebeswerben ein um Leute mit einem skeptischen Verstand, sofern man nicht vorzieht, das kritische Denken mit der Autorität der Bibel zum Schweigen zu bringen. Auch die kritischen Künste, mit denen der Prediger mitunter meint, die kritischen Zuhörer noch überbieten zu müssen, sind doch nur apologetische Bemühungen. Die Apologetik ist sozusagen bereit, für die erbetene Zustimmung zur Predigt jeden Preis zu bezahlen. Wer aber das wirkliche Evangelium an den Anfang bzw. in die Mitte seiner Predigt stellt, kann aller apologetischen Griffe entraten. Eine Wahrheit, die so zum Leuchten gebracht werden kann, daß sie „einleuchtet", bedarf keiner weiteren Empfehlung und keiner Verteidigung mehr.

4. Kommunikation

Diese Probleme verweisen in die Tiefe der Person des Predigers, obwohl es sich um sachliche Fragen, um objektive, außerhalb der Person des Predigers liegende Phänomene zu handeln scheint. Das trifft auch auf den weiten Komplex der Kommunikation des Predigers mit den Hörern, und im Grunde überhaupt mit den Menschen seiner Zeit zu.

So sehr der Prediger meist schon in der Anrede ein besonders herzliches Verhältnis zu „seiner" Gemeinde in Anspruch nimmt („Brüder und Schwestern", „meine Freunde"), so zahlreich sind die Symptome eines mangelhaften Kontaktes. Der Prediger steht „oben", die „Leute" sitzen unten, er redet, sie müssen zuhören; die Zuhörer sind Laien, der Prediger pocht demgegenüber zwar nicht auf seine Ordination, aber er ist theologischer Fachmann, und das wiegt viel schwerer als eine klerikale Überlegenheit. Es ist die Distanz der Vorbildung. Dabei denke ich weniger an den Unterschied von akademischer und nichtakademischer Vorbildung; das ist heute alltäglich geworden und nicht immer nur ein Vorzug. Vielmehr ist es die weite Ferne der theologischen Ausbildung von aller Naturwissenschaft, von der Technik, dem Wirtschaftsleben und selbst von vielen Humanwissenschaften. Diese Distanz gilt auch gegenüber anderen Akademikern. Sie betrifft nicht nur den Prediger als solchen, sie betrifft das gesamte kirchliche Amt im herkömmlichen Stil, die Seelsorge, den Unterricht.

Wir werden hier einer Schwierigkeit inne, die nicht einfach dadurch behoben werden kann, daß man die theologische Ausbildung so weit ausdehnt, daß der Prediger auch auf jenen ihm an sich fernliegenden „Gebieten" „mitreden" kann. Die naturwissenschaftlichen Denkstrukturen, Grundelemente der Technik, Grundbegriffe der Wirtschaft sollen dem Prediger in der Tat nicht fremd sein. Wichtiger ist aber etwas anderes. Der Prediger muß verstehen, warum es dem in Technik, Naturwissenschaft und Wirtschaftsleben heimischen Menschen so schwerfällt, sich in seinen, des Predigers Sprache und Denkkategorien zurechtzufinden.

Das Dilemma, die mangelhafte Kommunikation des Predigers zeigt sich häufig in paradoxer Weise: Der Prediger reagiert nämlich auf die Verstehensschwierigkeiten und Mißverständnisse mit einem überraschenden Überlegenheitsbewußtsein. Er ist ja als Theologe kompetent; und es stehen dem Prediger aus der Fülle der ihm zugewachsenen Traditionen wesentliche Gesichtspunkte und Kompetenzen zu Gebote, die dem Durchschnitt seiner Zuhörer abgehen.

Nun ist das leider eine Täuschung. Der Prediger täuscht sich, wenn er die traditionellen kirchlichen Denkkategorien, wenn er den Sprachstil, der in der Kirche herkömmlich ist, für ein unablösbares Element der christlichen Botschaft selbst hält. Er versteht nicht, warum der Hörer nicht versteht. Er hält das Nichtverstehen der heutigen Predigt für eine Verschlossenheit gegenüber der Sache. Befangen in seinem Sprach- und Denkstil stellt sich der Prediger das Interesse seiner Zuhörer, ihre Bedenken dem vorgelesenen Text gegenüber, ihre Zweifel nach bestimmten, oftmals überholten Modellen vor. Manche Prediger mußten sich in ihrer Studienzeit mit weltanschaulichen Skrupeln plagen, oder ihr ganzes Studium stand im Zeichen der historischen Kritik und der Auseinandersetzung mit ihren Folgen. Nun meinen sie, auch ihre Zuhörer müßten von diesen Problemen geplagt sein. Aber diese haben andere Probleme, von denen der Prediger nichts weiß oder von denen er doch keine Kenntnis nimmt. Der Prediger schreibt gleichsam immer noch die „deutsche" Schrift, die heute nur noch die älteren Leute lesen können, während sonst alle in lateinischen Buchstaben schreiben.

Auf diese Weise verfängt sich der Prediger in eine Krise seines Kontaktes mit den Menschen, an die er gewiesen ist. Der Verlust an Kommunikation kommt ihm nur dunkel zum Bewußtsein, und sofern er davon etwas spürt, versucht er den Mangel auf die verkehrteste Weise auszugleichen: er kompensiert ihn durch die Inanspruchnahme von Autorität. Das hat freilich heute oft sehr indirekte Formen. Der Prediger hat etwa die Heilige Schrift auf seiner Seite, welche dank seiner Auslegung das rechte Wort zur gegenwärtigen Situation sagt. Nicht selten werden Gottesdienste, die innerhalb einer Tagung gehalten werden, für den Prediger zum Anlaß, zum Thema der Tagung predigend Stellung zu nehmen und ein Votum abzugehen, das durch die Überlegenheit seiner Berufung auf das biblische Wort gedeckt ist und keine Diskussionseinrede befürchten muß. Oder der Prediger stattet sich mit der Attitüde der Modernität aus. Slogans und „heutige" Redeformen gehen ihm leicht von der Zunge, er weiß, wovon „man" heute spricht, er hat die neusten Bücher angelesen und womöglich die fälligen Tagungen besucht, welche auch die Lektüre noch ersparen. Damit kann man auch ein Superioritätsgefühl begründen. Aber man kann auch auf diesem Wege die Kontakte einbüßen, die man eigentlich herstellen will; denn der Zuhörer will ja keinem Superioritätsgefühl ausgeliefert sein, sondern schlicht verstanden werden. Sein Fragen, seine religiöse Not ist in anderen Dimensionen angesiedelt als auf der Skala zwischen antiquiert und modern.

Es wird heute viel darüber diskutiert, ob man den Hörer der Predigt mit „Du" bzw. mit „Ihr" oder mit „Sie" anreden solle. Aber es ist eine falsche Alternative. Denn im einen wie im anderen Falle redet der Prediger seine Zuhörer von oben herab an, als einer, der weiß, was die anderen nicht oder noch nicht wissen. Wenn sein Kontakt mit den Hörern nicht gestört wäre, würde er per „Wir" predigen; denn was die anderen angeht, geht ihn auch an; was die Zuhörer freut, freut ihn auch. Die Zweifel der Hörer sind auch die seinen; ihre Anfechtungen sind ihm wohlbekannt. Der Prediger ist nur der erste Hörer seiner Predigt, und darum soll er „inklusiv" predigen.

Je weniger zwischen dem Prediger und seinen Zuhörern steht, je mehr er ihr Nachbar, Zeit- und Schicksalsgenosse geworden ist, desto mehr werden die Hörer im Wort des Predigers sich selbst wiederfinden. Wo das erreicht ist, da wird sich die Kommunikation ständig in neuen Situationen bestätigen.

Literatur: O. Haendler, Die Predigt. Tiefenpsychologische Grundlagen und Grundfragen, (1941) ^{3}1960. K. W. Dahm, Beruf: Pfarrer, 1971. H. E. Bahr, Verkündigung als Information, 1968. H. D. Bastian, Kommunikation. Wie christlicher Glaube funktioniert, 1972. — Als eine moderne Wiederaufnahme der Anliegen älterer Pastoraltheologie ist zu nennen: R. Leuenberger, Berufung und Dienst. Beitrag zu einer Theologie des evangelischen Pfarrerberufes, 1966.

VII. Kapitel

DIE PREDIGT UND IHRE ZEIT

1. Die Predigt ist immer zeitgebunden

Der Einfluß des Zeitgeistes auf die christliche Predigt ist immer ein Problem gewesen. Es gibt Epochen, in denen die Predigt geradezu zu einem Tummelplatz des Zeitgeistes wurde. Als naheliegende Beispiele bieten sich die Kriegspredigten aus den Freiheitskriegen und vor allem aus den beiden Weltkriegen dieses Jahrhunderts an. Aber die Zeitgebundenheit der Predigt ist nicht nur an so epochalen Beispielen erkennbar. Sie ist ein unentrinnbares Schicksal. Den Beweis liefert dem Prediger seine alltägliche Erfahrung: Predigten veralten schnell. Man kann zwar eine eben gehaltene Predigt vor einem anderen Hörerkreis innerhalb einer kurzen Frist wiederholen; aber selbst in solchen Fällen können die veränderten Situationen leichte Veränderungen der Predigt erzwingen: die andere Gemeinde, das Krankenhaus, ein Gefängnis, oder auch der kritische Rückblick auf das erste Mal. Über größere Zeitspannen hinweg verbietet sich die Wiederholung.

Das gilt auch in den Fällen, in welchen man gar nicht bewußt auf den Zeitgeist oder die Zeitgeschichte eingegangen ist. Die Situation prägt die Predigt in jedem Falle so, daß sie à la longue unwiederholbar wird.

Ich nenne einige Beispiele. Predigten, die in Kriegszeiten aktuell waren, können ganz unabhängig von ihrer Tendenz in Friedenszeiten nicht wiederholt werden. Nachkriegsprobleme wie Versorgungsschwierigkeiten, Hunger, Inflation, Wiedereingliederung entlassener Kriegsgefangener, Flüchtlingsprobleme u. dgl. geben der Predigt einen Hintergrund, der sie an die Wochen ihrer Entstehung bindet. Man kann im gesellschaftlichen Kontext der europäischen Wohlstandskultur nicht so predigen, als befände man sich in lateinamerikanischen favellas. Die Soldatenpredigt eines Militärpfarrers mag politisch so einsichtig und zurückhaltend gewesen sein wie nur möglich, sie ist schlechterdings nicht wiederholbar. Die „Dorfpredigt", noch vor wenigen Jahrzehnten geradezu ein Idealtypus der Gemeindepredigt, mag allenfalls in vereinzelten Fällen noch zutreffen, aber als normgebender Predigttypus ist sie erloschen. — Daß alle Predigten, die „zu besonderen Anlässen" gehalten werden, mit diesen Anlässen auch ihre Aktualität verlieren und veralten, liegt geradezu in ihrem Begriff.

Wir müssen aus diesen Beobachtungen den Schluß ziehen: Es gibt keine von ihrer Epoche unbeeinflußte, zeitlos gültige Predigt. Es gibt keine ein für allemal „richtige" Predigt, und die gelegentlich aufgestellte Regel, es gäbe über jeden Text nur eine mögliche Predigt, ist ein verhängnisvoller Irrtum. Predigten aus vergangener Zeit sprechen uns nur auf dem Umweg über das historische Verstehen an. Und insoweit ist auch die Zeitbedingtheit der Predigt keine Sache der Absicht des Predigers oder gar ein Anzeichen dafür, daß er vor seiner Zeit kapituliert hätte, sondern eine natürliche Sache.

2. Ist die Predigt als solche noch zeitgemäß?

Aber das Problem nimmt alsbald radikalere Formen an. Bleiben wir mit unseren kritischen Überlegungen bei der gottesdienstlichen Predigt. Sosehr sie die versammelte christliche Gemeinde anspricht, so ist sie doch immer zugleich eine öffentliche Angelegenheit, weil in ihr die christliche Verkündigung und dann überhaupt das christliche Bewußtsein für die jeweilige Gegenwart aktuell zur Aussage kommt.

Nicht nur der Inhalt dieser Predigt ist dem Einfluß ihrer Zeit ausgesetzt. Sondern es ist die Frage, ob die Predigt im herkömmlichen Sinne selbst noch zeitgemäß ist. Für einen rein theologischen Predigtbegriff mag diese Frage gar nicht vorhanden sein. Für die „profane" Betrachtung ist diese Frage längst gestellt und nimmt an Dringlichkeit immer zu. Denn die heutige kirchliche Predigt ist aus vielen Gründen nicht mehr, was sie einst war. Es gab Zeiten, in denen durch die öffentliche Predigt, und nur durch sie, Neues mitgeteilt wurde, was bisher unbekannt war. Das gilt für die Predigt der Mystiker wie vor allem für die Reformationszeit. Es gilt aber auch noch dann, wenn eine neue theologische oder kirchliche Richtung wie Schleiermachers Theologie oder der protestantische Liberalismus über die Kanzel allgemeineres Interesse in Anspruch nahmen. Wo das nicht mehr der Fall ist, da erlischt das Interesse in dem Maße, als man im allgemeinen schon vorweg zu wissen meint, was der Prediger sagen wird. Im Strom ständiger und schneller Veränderungen gewinnt die Predigt den Charakter eines Vortrages bekannter Wahrheiten, die uns schon seit der Schule geläufig sind. Und wenn sich die säkularisierte Schule und ihr verunsicherter Religionsunterricht nicht mehr zur Vermittlung dieser Wahrheiten bereitfinden sollte, so bedeutet dies für die Predigt noch keinen Gewinn; denn nun liegt das, was sie vermittelt oder allenfalls schon voraussetzt, sogar noch früher als alle heute lebensdienlichen Kenntnisse des Schulwissens, nämlich in einer frühkindlichen, gleichsam prähistorischen oder mythischen Sphäre. Und nun heißt es vollends, daß das alles „nicht neu“ ist. Wer interessiert sich schon dafür?

Die klassische Zeit der Predigt war — sozialgeschichtlich gesehen — zugleich die Zeit, in welcher der Predigt so etwas wie ein Monopol der freien öffentlichen Rede zukam. In dieser Hinsicht ist ihr aber längst eine nahezu erdrückende Konkurrenz erwachsen. Nicht nur die forensische und politische, sondern sogar die akademische Rede sind seit dem Anbruch der Neuzeit Elemente, ohne die wir uns das Werden dieses Bewußtseins der Neuzeit nicht mehr vorstellen können. Der Prediger hat hier einen schweren Stand; denn in dem Maße, als er sich tatsächlich gegenüber diesen anderen Formen öffentlicher Rede zur Geltung zu bringen vermag, werden die Formalien seiner Predigt und seine rhetorischen Qualitäten stärker Beachtung finden als das, was er zu sagen hat. Und gerade das kann nicht in der Absicht des Predigers liegen.

Der vormaligen Monopolstellung der Predigt als freier öffentlicher Rede entsprach es, daß sie eine scharfe Waffe der Polemik und der Zeitkritik war. Beides ist nicht dasselbe. Die klassische Kanzelpolemik bezeichnete Angriffe, die in der Predigt im Interesse der Kirche und zur Bestreitung anderer Konfessionen oder Sekten geführt wurden; besonders die konfessionelle Auseinandersetzung war ein vielfach gepflügtes Feld der Predigt. Diese Polemik hat heute jedes öffentliche Interesse verloren und wirkt nur noch abstoßend. — Anders mag es sich mit der Zeitkritik verhalten. Sie hat in der Geschichte der Predigt ihre großen Stunden gehabt, von Savonarola bis zu den Bekenntnisgottesdiensten während der nationalsozialistischen Herrschaft. Es ist die Bedeutung der sog. „politischen Nachtgebete“, die Zeitkritik, Kritik an der Unfreiheit wehrloser Minderheiten und an der Manipulation des öffentlichen Bewußtseins in das grelle Licht christlicher Verkündigung gerückt zu haben. Aber solche Kritik der Gegenwart und die Beschreibung der sozialen Verantwortung sind immer abhängig von Information. Im „politischen Nachtgebet“ wird diese Information mit der Verkündigung nahezu identisch.

Aber damit wird vollends erkennbar, welche Konkurrenz der Predigt in der Neuzeit erwachsen ist. Informieren und Informiertsein ist heute ein Beruf. Und insofern bedeutet die der Predigt erwachsene Konkurrenz zugleich eine Verlagerung der Kompetenz für die Kritik der Zeit. Kompetent für die Kritik der Gegenwart ist in erster Linie der, welcher zugleich die Berufspflicht hat, informiert zu sein und zu informieren, nämlich der Journalist oder auch der Schriftsteller. Sie haben kein Informationsmonopol; ihre Informationstätigkeit bedarf der steten Kontrolle, vor allem hinsichtlich ihrer geheimen oder eingestandenen Tendenzen, sie bedarf der Ergänzung, sie steht in einem spannungsvollen Wechselverhältnis zur Öffentlichkeit. Aber in alledem ist auch ein Maßstab für alle Information gegeben. Wenn sich die christliche Predigt so versteht, daß sie Zeit- und Gesellschaftskritik in ihre Aufgabe mit einbezieht, dann ist sie an hohe Maßstäbe der Information gebunden, ihre Wahrheitspflicht ist vielleicht noch höher anzusetzen, als es beim landläufigen Journalismus geschieht. Und — dies alles vorausgesetzt — die Predigt muß dann vor allem erkennbar machen, daß sie mit ihrem kritischen Wort einem christlichen Anliegen Genüge tut.

Wir rühren damit bereits an das Problem der politischen Predigt, von der noch die Rede sein soll. Die Predigt, welche sich zur Zeitkritik aufgerufen fühlt, kann das jedenfalls nur noch unter erschwerten Umständen und einschränkenden Bedingungen tun. Wer sich heute mit seiner Gegenwart kritisch auseinandersetzen möchte, wird sich dazu kaum in eine christliche Predigt begeben.

3. Der Einfluß der Massenmedien auf den Wandel der Predigt

Paßt die traditionelle gottesdienstliche Predigt noch in unsere Zeit, wenn wir an die Hörer denken? Hat der Mensch unserer Tage noch die Fähigkeit zum geduldigen Zuhören? Wie lange kann er überhaupt noch zuhören? Wie steht es mit dem Bedürfnis, sich zum Anhören einer womöglich längeren Rede auf den Weg zu einer gottesdienstlichen Versammlung zu begeben? Man kann den Ernst dieser Frage ermessen, weil dem unmittelbaren Predigtwort in der Kirche durch das religiöse Wort in den Massenmedien unterdessen eine aufschlußreiche oder auch, wenn man so will, bedrohliche Konkurrenz erwachsen ist.

Nicht alle sog. Massenmedien haben in unserem Zusammenhang den gleichen Stellenwert. Beginnen wir mit der Presse. Religiöse Artikel, wie sie etwa zum Sonntag oder an Festtagen erscheinen, sind, verglichen mit den danebenstehenden anderen Artikeln, ohne aktuelle Nachricht, ihre Anschaulichkeit ist oft künstlich hergestellt, und auch ihre Kürze kann sie nicht attraktiver machen.

Der Rundfunk hat unter den Medien, welche ein religiöses Wort in die Häuser bringen, wahrscheinlich die größte Bedeutung. Die Rundfunkpredigt wird in der Regel im Zusammenhang mit einem Gemeindegottesdienst übertragen, der durch die Technik akustisch multipliziert wird. Diese Technik ermöglicht aber nicht nur die Vervielfältigung, sondern auch die Reproduktion. So werden Morgenandachten für den Rundfunk vorher auf Band gesprochen und an dem Tag, für den sie bestimmt sind, meistens mehrfach gesendet. Geht man davon aus, daß durch den Rundfunk das „Wort“ den Hörer erreichen soll, dann ist natürlich die Chance der Rundfunkpredigt eine massenhafte Streuung des Wortes. Aber es fehlt auch viel. Vordergründig, wenn auch nicht unwichtig ist es, daß der visuelle Kontakt fehlt: der Sprecher sieht den Hörer nicht und umgekehrt. Es fehlt die leibliche Anwesenheit in einer Gemeinde. Man muß sich nicht zu diesem Gottesdienst, den man nur hören kann, hinbemühen. Es fehlt die sammelnde Wirkung des Kirchenraums; Sakrament, Opfersammlungen und was sonst noch an Aktion denkbar ist, alles das wird gegenstandslos und bleibt allenfalls der Phantasie überlassen. In gewissem Sinne kommt das, was man unter dem Stichwort einer isolierten Homiletik zu kritisieren pflegt, hier erst recht eigentlich zustande.

Die Rundfunkpredigt ist ein ambivalenter Vorgang. Das Positive liegt zutage: diese Predigt erreicht Hörer, an welche die konventionelle Kirchenpredigt nicht heranreicht, Kranke oder auf andere Weise Verhinderte, Zufallshörer, wobei vor allem daran zu denken ist, daß die konfessionellen Grenzen, die beim Kirchgang ebenso wie die örtlichen Bedingungen für die Zusammensetzung der Gemeinde ausschlaggebend sind, schlechthin aufgehoben sind. Aber die Wirkung reicht weit darüber hinaus. Sosehr die Rundfunkgottesdienste nach Form und Inhalt konventionelle Sonntagsgottesdienste sind — und die Kirchen selbst sorgen dabei für vorbildliche Normalität —, so sehr steht damit im Widerspruch die Chance der Rundfunkpredigt, daß sie jede Art und Grenze von spezifischer Gemeindepredigt überschreitet. Sie richtet sich gleichsam an jedermann, und diese unberechenbare Multiplikation des gesprochenen Wortes legt dem Prediger eine schwere Verantwortung für seine Verkündigung auf. Die Autorität des Sprechenden steht hier mehr als je auf dem mathematischen Punkt, daß er seine Sache so vertritt, daß sie im bloßen Hören einleuchtet.

Aber nun hat die Rundfunkpredigt noch eine ganz andere Seite. Vom Standpunkt der Rundfunkanstalten aus gesehen ist sie ein reines Konsumangebot. Sie soll, wie andere vergleichbare Sendungen, ein Bedürfnis befriedigen, das insofern seinen eigenen Reiz haben mag, als es weit über den herkömmlichen Kreis der Kirchgänger hinausreicht. Es liegt im Interesse der Rundfunkanstalten, daß auch dieses Bedürfnis zur entsprechender Stunde, also etwa am Sonntagmorgen, und in angemessener Zeit — in genau einer Stunde — befriedigt wird. Die massenhaft vermuteten Zuhörer müssen auf eine allgemeine Christlichkeit, mindestens aber auf eine allgemeine Religiosität hin angesprochen werden, Schockwirkungen sind zu unterlassen; sie könnten allenfalls informativ interessant sein, aber das gehört dann in den Informationsteil des Rundfunks und nicht in den hier gebotenen Gottesdienst. Daraus erklärt sich die Tatsache, daß Rundfunkgottesdienste in der Regel eher traditionell und konformistisch sind. Die Rundfunkpredigt ist ein Ergebnis des Kompromisses der Redaktionen und der kirchlichen Bevollmächtigten, d.h. zugleich ein Kompromiß der „Mächtigen", deren heimlicher Macht im Rückblick die alte Verflechtung von Kirche und Staat vergleichbar ist. Die mitunter spürbaren Unzulänglichkeiten der Rundfunkpredigt haben hier ihre Wurzel.

In einem noch viel höheren Maße ist beim Fernsehen der Einfluß der Redaktion in Rechnung zu stellen. Der Ausgleich zwischen Bedürfnis und Angebot wird durch die Instanzen des Fernsehens unter viel härteren Bedingungen geregelt, als das beim Rundfunk der Fall ist. Zunächst steht für das Fernsehen weniger Zeit zur Verfügung: die Sendungen „tagsüber" können werktags erst vom Nachmittag an voll einsetzen, wenn nicht besondere Gründe die Sendungen schon am Vormittag interessant machen. Die Sendezeiten für religiöse oder kirchliche Sendungen werden in dem Maße ein Gegenstand des Handelns zwischen den Interessenten, als diese Sendungen dabei mitleidlos auf ihren Wert geprüft werden. Ihr hoher „religiöser" Anspruch ist ja der denkbar breitesten Öffentlichkeit ausgeliefert und reizt zur Kritik.

Auch hier ist von einer Ambivalenz zu sprechen. Denn einmal ist die Chance unverkennbar, daß man im Unterschied zum Rundfunk hier visuellen Kontakt hat, wenn auch nur einseitig vom Hörer aus: dieser sieht den, der spricht, und er sieht, wie er spricht. Aber dieses „Sehen" hat auch sein eigenes Handicap. Denn was soll denn das Fernsehen bei dem Versuch einer christlichen Verkündigung sichtbar machen? Ganze Gottesdienste werden ohnehin nur selten übertragen; meist sind es, wenn überhaupt, kurze Feiern, Motetten, und dabei schwenkt die Fernsehkamera auf Kirchenfenster, Altarhintergründe und zeigt die betuliche Konzentration der Sänger und ihre offenen Münder. Und das liegt außerhalb des homiletischen Interesses. Was das im Fernsehen hörbare Verkündigungswort betrifft, so gilt der Grundsatz: „Die Fernsehzeit ist kürzer als die Rundfunkzeit"; das will sagen: man kann im Fernsehen niemals so lange kontinuierlich sprechen, wie das im Rundfunk möglich ist. Darum werden hier Dialogformen bevorzugt, das Interview oder die Gesprächsrunde, so abgekartet und künstlich inszeniert diese Spiele auch sein mögen. Das bedeutet den heilsamen Zwang zur Prägnanz, aber es hat auch den Nachteil, daß sich in einem Satz, in einer Formel alles entscheidet, daß die kurze Aussage im Gedächtnis des Hörers hängenbleibt und sich alles daran entscheidet, ob die kurze Aussage glückt.

So gelten für das Verkündigungswort im Fernsehen drei unverbrüchliche Bedingungen: Einmal kann dieses Wort nur kurz sein. Aber man entdeckt auch, wieviel man in kürzester Zeit sagen kann, wenn man etwas zu sagen hat. Zweitens: Der Sprecher erscheint in einer visuellen Deutlichkeit vor seinen Zuhörern, wie niemals sonst. Er kann seinen Zuhörern, die zugleich Zuschauer sind, nichts vormachen. Er hat gewonnen, wenn er gesammelt und wesentlich zu sprechen vermag, wenn er selbst nicht durch die Art seines Erscheinens von dem ablenkt, was er zu sagen hat. Und drittens: Sosehr er „weltlich“ zu den breitgestreuten „Weltkindern“ zu sprechen hat, so darf er doch gerade hier nicht durch das brillieren wollen, was andere Sprecher, die in der Öffentlichkeit zu Wort kommen, nun wirklich besser können. Auch billige Dramatisierungen und Spiel mit wirklichen oder erdachten Schicksalserfahrungen kommen in den paar Minuten im halbdunklen Zimmer bei seinen Zuhörern nicht an. Vielmehr darf er das Christliche nicht schamhaft verstecken, und er darf das Christliche nicht mit billigen Manipulationen aufdrängen. Er muß es ruhig und sachlich darlegen, so daß auch der „Außenstehende“ zuhören, eine Möglichkeit des Glaubens erkennen oder eine Lebenshilfe empfangen kann.

Die christliche Verkündigung durch die sog. Massenmedien ist somit durch zwei Umstände gekennzeichnet. Sie empfängt ihren Ort sowie den Zeitpunkt, zu dem sie stattfinden darf, nach den Gesetzen der modernen Kommunikationstechnik, und diese entscheidet auch über den Rahmen, vor allem über den Umfang und die Häufigkeit dieser Verkündigung. Zwischen die Verkündigung, die sich herkömmlicherweise allein auf ihren Auftrag beruft, und den Hörer tritt eine Instanz, welche theologisch überhaupt nicht einberechnet ist, nämlich die Redaktion der Medien, also der Zeitung (evtl. auch deren Verlag), des Rundfunks und des Fernsehens. Diese zwischengeschalteten Instanzen vermitteln zwischen Angebot und Bedürfnis, sie dosieren die Darbietungen. Sie haben dabei zunächst die Notwendigkeiten der Technik auf ihrer Seite, sie können sich dann aber auch auf die wirklichen, vermeintlichen oder oft auch nur behaupteten Wünsche der Öffentlichkeit berufen. Die Grenze der sachlichen Argumente zur politischen Motivation hin ist fließend, und der Freiraum der Verkündigung in den Massenmedien ist insoweit labil.

Diese medientechnische Vermittlung der „Predigt“ — diese in einem weiten Sinne verstanden — verändert nun die Stellung der Predigt in der Gegenwart grundsätzlich. Denn gegenüber dieser medialen Vermittlung kommt der Predigt, welche sich in herkömmlicher Weise im Gemeindegottesdienst vollzieht, ein verhältnismäßig geringer Raum zu. Neben der in voller Verfügung und Verantwortung der Kirche stehenden Predigt etabliert sich die andere, die unter den Gesetzen der Öffentlichkeit steht. Diese wird durch Redaktionen repräsentiert, welche der Gemeinde nahezu unbekannt sind. Sie sitzen am Schalthebel der Medien, sie können sich als Sachwalter des öffentlichen Bewußtseins und überdies der Modernität weitgehend unangreifbar machen.

Wenn auch langsam, wird so durch die Technik eine Veränderung der Predigt überhaupt erzwungen. Solange der Prediger in großen vollbesetzten Kirchen sich an eine große Gemeinde wandte, die weitgehend mit der Öffentlichkeit identisch war, ergab sich ein gewisser Stil öffentlicher Kanzelrede durch die Situation. Hingegen sammeln sich vor Rundfunk und Fernseher, wenn auch ins Unübersehbare multipliziert, kleine, intime Kreise von Zuhörern und einzelne. Der Prediger, der das bedenkt, wird schon seine Stimme darauf einstellen; denn er wird sprechen, als sei er im Zimmer mit dabei. Die Zuhörer stehen zwar außerhalb jeder kirchlichen Kontinuität, sie sind für den Prediger schlechthin anonym. Aber das ist die Chance: ins Unerreichbare entrückte Zuhörer können unversehens angesprochen werden. — Aber auch der Prediger im kirchlichen Gottesdienst sollte die veränderte Situation zur Kenntnis nehmen. Er spricht nicht mehr selbstverständlich zur Öffentlichkeit, und doch wird er auch die versammelte Gemeinde nur noch erreichen, wenn er sie in der Sprache des technischen Zeitalters anspricht, sosehr ihn auch diese Sprache vor neue und andere Probleme stellen mag.

4. Die Predigt und der Geist der Zeit

Wie soll sich der Prediger als Prediger zu seiner Gegenwart verhalten? Jede Gegenwart hat für die in ihr Lebenden einen Aufforderungscharakter. Die Wertvorstellungen einer Zeit ballen sich in einigen wenigen Ideen und zwingen mit unreflektierter Selbstverständlichkeit den jetzt Lebenden zum Engagement, zum Bekenntnis, zur Entscheidung. Demgegenüber leben andere Werte oder Moralbegriffe, ganze Ideologien über Nacht als „veraltet“ im Bewußtsein der Gegenwart.

„Man“ spricht nicht mehr davon, ebenso wie „man“ sich einer bestimmten Terminologie, bestimmter Stilmerkmale bedienen muß, um sich im Gespräch und fürs Gespräch zu legitimieren. Je nachdem, wie einer dieser Aufforderung durch seine Gegenwart entspricht, empfängt er seinen Stellenwert in der Gesellschaft. Das trifft ebenso auf Epochen des hochbrandenden Nationalismus zu wie auf Epochen der prinzipiellen Demokratisierung oder auf die Dominanz neomarxistischer Veränderungsparolen. Freilich ist die jeweils neue geschichtliche Situation meistens früher gereift als die „Theorie“, mit der sie artikuliert wird und für die das Engagement der Zeitgenossen herausgefordert wird. Die Situation ist vor allem immer komplizierter, als es in den „Theorien“ zum Ausdruck kommt. Das elementare Leiden an der Theorie der Gegenwart, das Unbehagen an dem Engagement, das dem Zeitgenossen von den Theoretikern für diese Theorie der Gegenwart abverlangt wird, erklärt sich nicht nur aus konservativen Grundstimmungen, sondern auch aus der Wahrnehmung ideologischer Verzerrungen, die derselbe Zeitgenosse doch nicht begrifflich zu durchdringen vermag.

Ebenso typisch wie die Erfahrung der „Aufforderung“ durch die Gegenwart ist übrigens der Versuch, sich diesem aufgenötigten Engagement zu entziehen. Wer nicht einfach das Privilegium der Privatheit in Anspruch nehmen kann, beruft sich auf technische Positionen, welche gegen den ideologischen Zugriff der jeweiligen Gegenwart abgeschirmt zu sein scheinen. Aber auch die Religion, der kirchliche Beruf können Argumente für eine Neutralisierung gegenüber den Ansprüchen der Zeit liefern.

Aus alledem ergibt sich ohne weiteres, wie schwierig die Lage der Predigt und des Predigers ist. Die Predigt soll bekennen, sie kann und darf nicht schweigen, vollends, wenn die Menschen, die in den Zuhörern der Predigt repräsentiert sind, zu einem Bekennen anderer als der christlichen Art aufgefordert sind. In jeder Epoche der Predigtgeschichte war daher der „Zeitgeist“, oder wie man es sonst nannte, eine unübersehbare Herausforderung der Predigt. Es hat zu Zeiten geradezu über ihr Schicksal entschieden, wie sie dieser Herausforderung standgehalten hat. Es ergibt sich in alter und neuer Form immer wieder dieses Dilemma: Der christliche Glaube, das „Wort Gottes“, die Verkündigung fordern die Hörer der Predigt heraus, wollen sie engagieren. Aber die in jeder Epoche herrschende Ideologie, und schiene sie noch so harmlos und selbstverständlich, will es ebenfalls. Diese herrschende Ideologie, der „Zeitgeist“, drängt sich darum in die Predigt ein, weil er sie zum Medium für die Bezeugung seiner Botschaft machen möchte. Die neuen, jetzt und hier herrschenden Wertvorstellungen sollen zum neuen Evangelium werden, oder sie sollen wenigstens so verstanden werden, daß in ihnen eben das Evangelium erst recht konkret wird. Verbindung, Vertauschung und Verwechselung der „alten“ und der „neuen“ Botschaft empfehlen sich als die langerwartete Aktualisierung, und sie erregen ebenso das Mißtrauen und die Angst vor der Gegenwart. Ist in dieser jahrhundertealten Typologie das Problem erschöpfend beschrieben?

Die Beschreibung stimmt nur insoweit, als sich die Eigentümlichkeit eines Zeitalters wirklich handfest in einer derartigen Ideologie manifestiert. Der Geist eines Zeitalters reicht aber in andere Tiefen, bis dorthin, wo jeder erfahren muß, daß er ein Kind dieser und keiner anderen Zeit ist. Erst unter dieser Voraussetzung kann dann beschrieben werden, warum und in welchem Sinne die Predigt durch ihre Zeit herausgefordert wird. Es sind, wenn man etwas schematisch verfahren darf, drei Grundeinstellungen der christlichen Predigt zu ihrer Zeit denkbar: einmal die Bejahung des Zeitgeistes und seiner Forderungen, sodann die Kritik der Zeit und der Angriff auf den Zeitgeist, und schließlich die Distanzierung von dem, was in der Gegenwart vorgeht. Aber in jeder Hinsicht zeigt sich dann die Dialektik. Der Prediger würde der Herausforderung durch den Geist seiner Zeit nicht so ausgesetzt sein, wenn er nicht bis in seine Wurzeln seinem Zeitalter angehören würde.

Die erste Grundeinstellung ist die Bejahung des Zeitgeistes. Sie kann so weit reichen, daß die Predigt dem Geist ihrer Zeit dienstbar wird und ihre Ideologie gleichsam von der Kanzel aus bestätigt. Das kann die Ideologie der Mehrheit sein wie auch die einer dominanten und penetranten Minderheit. Diese Bestätigung steigert sich durch die religiöse („christliche“) Legitimation bis zur Identifizierung. Die Predigt treibt Bewußtseinsbildung im Dienste der herrschenden Zeitideologie; und das schließt den Aufruf zu einer entsprechenden Praxis ein. Die Beispiele dafür liegen nahe: Die Predigt im Dienste der „bürgerlichen“ Moral, für welche die Tafel der bürgerlichen Werte mit der gottgewollten Ordnung identisch ist; die „nationale Predigt“, besonders in Kriegszeiten; die Predigt der „gesellschaftlichen Veränderungen“, in der gesellschaftliche Programme zur Heilslehre verklärt werden.

Die zweite Grundeinstellung ist die Kritik der Zeit und die Auseinandersetzung mit den unübersehbaren Zeiterscheinungen. Auch wenn einem diese sozusagen auf der Straße begegnen, muß jeder, der sich mit ihnen auseinandersetzt, tiefer in ihre Gründe und Motive eindringen. Hat der Prediger, der sich zu einer zeitkritischen Predigt anschickt, das geleistet? Hat er die einschlägige Literatur selbst gelesen? Oder übernimmt er nur gutgläubig offizielle und von einer der beteiligten Seiten manipulierte Berichte? Denn jeder sollte wissen, wie sehr sich Tatsachen durch einen verkürzenden oder tendenziösen Pressebericht entstellen lassen. Von dem Vorsprung an Informiertheit und Informationskompetenz, den qualifizierte Journalisten und Politiker in Anspruch nehmen können, sprach ich schon an früherer Stelle. Freilich ist der Prediger auch diesen Quellen gegenüber zu einem kritischen Urteil berechtigt und verpflichtet. Aber das setzt immer auch bessere Informationen voraus, und die Moral allein ersetzt sie nicht. Nur zu leicht gerät freilich der Prediger bei seiner Zeitkritik eben in den Sog dieser Zeit: er kritisiert, wie „man eben heutzutage die Zeit kritisiert". Das Ressentiment spielt ihm dabei leicht ebenso einen Streich wie die Eitelkeit, sich auf jeden Fall als informiert, als modern und vor allem als „mutig" zu beweisen. Aber wie steht es bei dieser Problematik eigentlich mit dem Text, der doch wie ein heimlicher Wächter neben oder hinter dem Prediger stehen müßte? Er darf kein stummer Wächter werden, sondern muß den Prediger immer an seine Verkündigungspflicht erinnern. Aber führt diese Verkündigungspflicht die Predigt nicht geradezu von der Gegenwart fort?

Das führt uns zur dritten Grundeinstellung des Predigers zur Gegenwart: es ist die Distanzierung von der Zeit und das bewußte Absehen von ihren Herausforderungen.

Diese Distanz kann gründlich mißverstanden werden. Man kann nämlich unter Berufung auf den Text sich vom Gegenwartsbewußtsein weitgehend distanzieren. Die Probleme, mit welchen sich die Predigt befaßt, liegen dann in ganz anderen Räumen, in biblischer Zeit oder in Epochen, welche für die gegenwärtigen Zuhörer keine Aktualität mehr haben, während der Prediger noch ganz in ihnen lebt. Diese Predigt entfernt sich, ohne daß es dem Prediger zum Bewußtsein kommen mag, von der Gegenwart und von den in ihr lebenden Menschen. Es gibt auch eine naive Theorie für die Distanz von Zeitproblemen; sie ist vordergründig sogar richtig und hilft doch wenig: Der Prediger, oder „die Kirche" hätten nicht Partei zu ergreifen, sie seien für alle da und daher zur „Neutralität" verpflichtet. Aber das hilft nicht weiter als dazu, daß man eben einige umstrittene Themen vermeidet.

Richtig verstanden geht es bei der Distanzierung um etwas anderes. Die Predigt muß befreit werden vom Zwang zur Aktualität um jeden Preis. Sie hat eine „Sphäre oberhalb" (K. Barth) unserer Bedrängnisse sichtbar zu machen, in der der atemlos gewordene Zeitgenosse wieder atmen kann, wo der Einsame von einer Gemeinde aufgenommen wird und der Angsterfüllte Frieden findet. Eine solche Predigt „sub specie aeterni“ kann sogar die Legitimation zu einer kritischen Stellungnahme zu ihrer Zeit gewinnen. Aber sie tut das dann in absoluter Freiheit von einem ihr von außen aufgenötigten Engagement, sie ist frei von dem Verdacht, zu tun, was andere auch tun und zu sagen, wozu man, um es zu hören, nicht in die Kirche zu gehen braucht.

Man wird hier in doppelter Weise einer Paradoxie ansichtig. Die Predigt bzw. der Prediger kann nämlich nur dann in der angedeuteten Weise auf Distanz zu seiner Gegenwart gehen, wenn er ganz und gar in dieser Gegenwart lebt, wenn er den Geist der Zeit „eingeatmet hat“, wenn das, was die Menschen seines Zeitalters in der Tiefe bewegt, durch ihn hindurchgegangen ist. Nur wenn er im Vollmaß ermessen kann, was er tut, kann er zu dieser Gegenwart Abstand nehmen und ein christliches Wort sagen, was die alltäglichen Dinge überbietet. Wenn es nicht so ist, dann verrät die Predigt nur einen Mangel an Gegenwartsbewußtsein und büßt ihre Kompetenz ein, den heute Lebenden ein hilfreiches Wort zu sagen. — Aber auch das andere mag paradox erscheinen. Aus diesem Abstand heraus kann die Predigt eine erhebliche politische Brisanz gewinnen. Wenn sie dem vordergründigen Engagement ihre Mithilfe versagt, kann das von den einen als befreiend empfunden werden. Ebenso aber ist die Empfindlichkeit totaler politischer Systeme gegenüber einer Predigt, die sich ihren Interessen nicht dienstbar macht, zu allen Zeiten gleich. Erst in der Distanz gewinnt die Predigt jenen politischen Rang, der nur ihr gehört und der die Macht hat, zu befreien und zu überzeugen.

Literatur: Historisches zum Einfluß politischer Mächte auf die Predigt: K. Holl, Die Bedeutung der großen Kriege für das religiöse und kirchliche Leben innerhalb des deutschen Protestantismus, in: Ges. Aufsätze zur Kirchengeschichte III, 1928, 302 ff. K. Barth, Theologische Existenz heute!, 1933. (Die anschließende Schriftenreihe gleichen Namens fügt zu diesem grundlegenden Votum gegen die Theologie der sog. Deutschen Christen im Dritten Reich wichtige Beiträge hinzu.) E. Hirsch, Die gegenwärtige geistige Lage. ... akademische Vorlesungen zum Verständnis des deutschen Jahres 1933, 1934. (Breit ausgeführte Begründung der Gegenposition gegen K. Barth.) W. Niemöller, Wort und Tat im Kirchenkampf, 1969. K. Hammer, Deutsche Kriegstheologie (1870—1918), 1971. E. Wolf, Kirchen, RGG III, 1443 ff. (Lit.).

Zur Wechselwirkung von Predigt und Kulturgeschichte: W. H. Riehl, Die Predigt, in: Religiöse Studien eines Weltkindes, (1894) [5]1900, 335 ff. R. Krause, Die Predigt der späten deutschen Aufklärung (1770—1805), 1965.

Zum Problem der politischen Predigt: E. Wolf (Hrsg.), Unter der Herrschaft Christi, 1961 (grundlegend für den christologisch konzipierten Politikbegriff, wenn auch nur indirekt auf die Predigtproblematik bezogen). H.-G. Jung, Befreiende Herrschaft. Die politische Verkündigung der Herrschaft Christi, 1965. R. Bohren, a. a. O. passim (bes. wichtig die Hinweise auf die Bedeutung der beiden Blumhardts für das Thema). M. Linz (Hrsg.), Die sog. Politisierung der Kirche (Stundenbücher 82), 1968. D. Sölle u. F. Steffensky, Politisches Nachtgebet in Köln, seit 1969 in mehreren Folgen der Dokumentation. Die Bedeutung dieser Nachtgebete liegt einmal darin, daß hier in einem seltenen Falle die Engführung auf die „Predigt" im konventionellen Sinne überschritten ist, und zwar nicht nur als Forderung, sondern in beispielhafter Aktion. Zum anderen ist hier das Anliegen der „politischen Theologie" im gottesdienstlichen Wort zur Sprache gebracht. Abgesehen davon werden „politische Theologie" und „Theologie der Revolution" in auffälliger Weise unter Ausklammerung der Predigt behandelt: E. Feil u. R. Weth (Hrsg.), Diskussion zur Theologie der Revolution, 1969. T. Rendtorff u. H. E. Tödt, Theologie der Revolution, Analysen und Materialien, 1968. M. Baumotte u. a., Kritik der politischen Theologie, 1973. Aus dieser Dokumentation und Diskussion scheint hervorzugehen, daß weder von der dargegestellten noch von der ihr kritisch entgegengesetzten Theorie die Ebene der Predigt erreicht, wahrscheinlich gar nicht intendiert wird. Dafür verbirgt sich das Thema der politischen Predigt oft unter Chiffren, welche das Predigtanliegen nicht erkennen lassen, z. B. G. Huntemann, Provozierte Theologie in technischer Welt, 1968.

Über die Predigt unter den besonderen Bedingungen der Technik: Schriftenreihe der Evang. Akademie für Rundfunk und Fernsehen, 1956 ff. M. Josuttis (Hrsg.), Beiträge zu einer Rundfunkhomiletik, 1967. H. E. Bahr, Verkündigung als Information, 1968. R. Leuenberger u. P. Schulz, Predigt außerhalb des Kirchenraumes. Homiletische Überlegungen zu Radiopredigten. Kirche in der Öffentlichkeit. Schweizer Beiträge, 1973.

VIII. Kapitel

DIE PREDIGT AUS BESONDEREM ANLASS
(Kasualpredigt)

1. Der Begriff der Kasualien

Mit dem Begriff der Kasualpredigt bezeichnen wir die besondere Form der Verkündigung, die durch einen „Fall“ (casus) veranlaßt ist. Der begrenzte Kreis von Personen, die an dem Anlaß beteiligt sind, begegnet der Kasualpredigt mit spezifischen Erwartungen. Die häufigsten Anlässe zu Kasualpredigten sind in der gegenwärtigen Christenheit die Kindertaufe (aus „Anlaß“ der Geburt eines Kindes in einer christlichen Familie), die Hochzeit und das Begräbnis. Aber auch ganz andere Anlässe sind denkbar: alles, was je nach Ordnung und Stimmung einer Gesellschaft zu „Feiern“ auffordert, wie z. B. Gedenktage oder Gründungsakte. Es ist die unberechenbare, kontingente Mannigfaltigkeit menschlicher Schicksale, denen sich die Predigt zuwendet, was die Eigentümlichkeit der sog. Kasualie ausmacht.

Der Begriff der „Amtshandlung“ deckt sich nicht genau mit dem der Kasualie. Es gibt viele Amtshandlungen, welche durch die Ordnung der Gemeinde vorgesehen sind und nicht erst auf ein individuelles Begehren warten. Dazu gehören die feststehenden Tauftermine, wie sie schon in der Alten Kirche üblich waren und heute vielerorts als Taufgottesdienste erneuert sind; ferner die Konfirmation und Amtseinführungen. Doch haben diese Amtshandlungen mit den Kasualien im engeren Sinne etwas gemeinsam. In allen Fällen begleitet oder kommentiert nämlich die Predigt eine Handlung. Einige dieser Handlungen sind überdies dadurch hervorgehoben, daß sie durch ein Einsetzungswort (verbum institutionis) legitimiert sind. Das gilt von den Sakramenten und vom Ehestand, wenn auch nicht von der kirchlichen Trauung. Für diese Handlungen war es eine sachgemäße Frage Schleiermachers, ob sie, eben in Ansehung der Einsetzungsworte, für die Predigt zur Handlung noch eines besonderen Textes bedürfen. Er sagt für diese Fälle geradezu: „Der Text ist in der Handlung“ (Prakt. Theol. 1850, S. 325). Aber eben diese Handlung zieht die Aufmerksamkeit auf sich, der Fall selbst und die Erwartung der Beteiligten nehmen ein Übergewicht des Interesses in Anspruch.

Eine Predigtlehre, welche die Kasualien nicht als einen von der

Regel der öffentlichen Predigt abweichenden Typus verhandeln würde, wäre unvollständig. Andererseits ist hier nicht der Ort, auf die Besonderheiten der verschiedenen Kasualien einzugehen. Das würde erfordern, daß man auf das Seelsorgegespräch eingehen müßte, dessen Bedingungen bei jeder Art von Kasualie wieder anders gelagert sind. Man müßte liturgiegeschichtliche und für die kirchliche Trauung überdies kirchenrechtliche Gesichtspunkte berücksichtigen, die oftmals überraschende Erkenntnisse vermitteln, die dem Pragmatiker entgehen, der nur in der Gegenwart lebt und in Gegenwartsbedürfnissen denkt. Wir müssen uns damit bescheiden, daß wir die Situation des Predigers in Kasualien generell bedenken.

2. Verfänglichkeiten der Situationen

Kasualien haben ihre besonderen Schwierigkeiten und Gefahren. Das „Menschliche" drängt sich nämlich derart in den Vordergrund, daß die christliche Verkündigung ganz in Vergessenheit geraten kann. R. Bohren sagt mit Recht: „Die Erfahrung zeigt, daß die Kasualien dem Text offenkundig nicht gut tun. Gerade Trauung und Beerdigung leiten den Prediger an, Texte zu mißbrauchen. Auch könnte es sein, daß die Texte selbst hinderlich sind, das zu sagen, was hier jetzt unbedingt zu sagen wäre! Oder werden die Texte falsch gewählt?" (Predigtlehre, S. 322). Immer wieder gibt der Prediger bei Kasualien den allzu bürgerlichen Erwartungen nach. Er ist für die Leute sozusagen derjenige, der „es" immer noch am besten zu sagen weiß. So werden die Hochzeitspredigten zu Tischreden, die Grabreden dienen der Verklärung des Verstorbenen und der Absolution auch der Überlebenden von allen schlimmen Erinnerungen; daher das alte Wort: „Leichenreden sind Lügenreden." Erinnerungsreden wie „Weiheansprachen" haben das überschwengliche Pathos schon im Begriff, der Spott und die médisance warten schon hinter dem Ausgang.

Freilich wird die Sache nicht besser, wenn der Prediger nun stattdessen, um des Verkündigungsauftrages willen, auf Ärgernis schalten zu müssen meint. Es gibt in der Tat Fälle, welche den Dienst der Kirche unerträglich machen, wo nur die Verweigerung möglich ist. An den Motiven für solche Verweigerungen kann man fast ablesen, welche Stellung die Kirche in der Öffentlichkeit einnimmt oder wie ihr Selbstverständnis ist. Dezidiert Unkirchliche möchten nicht aus dem Rahmen der mancherorts noch geltenden Konvention fallen u. dgl. Aber sind diese Fälle immer eindeutig? Wo sie es nicht sind, wird durch die Ablehnung, also durch die heute mehr denn je problematischen „Kirchenzuchtmaßnahmen“ immer mehr zerstört als gewonnen. Es gibt gewiß keine sicheren Regeln, welche zwischen Skylla und Charybdis hindurchführen. Aber menschenfreundliche Zuwendung an die, welche den Dienst der Kirche begehren, schließt ja niemals aus, daß dieser Dienst in der Wahrheit geschieht.

3. Der Text als Hilfe

Sehen wir von den Fällen ab, in denen man sich auch den Beteiligten gegenüber darauf verlassen kann, daß „Der Text in der Handlung ist“, so erhebt sich die Frage des Textes mit eigentümlicher Dringlichkeit. Und zwar aus zwei Gründen. Der Text der Kasualpredigt muß frei gewählt werden, und zwar so, daß er zur Situation der hier betroffenen Menschen, zu dem gegebenen Fall paßt. Und dann: Der Text muß mehr sagen, als was sich die Beteiligten zu dem gegebenen Anlaß selber sagen können. Er muß ein Element des Unerwarteten, des Nichtselbstverständlichen an sich haben; er muß über die veranlassende Situation hinausweisen. Wenn der Text das leistet, wird er zur Wohltat, und das sollte das Kennzeichen des Evangeliums sein.

So stellen sich unmittelbar zwei praktische Fragen. Die eine: Wie finden wir den Text für die Kasualrede? Ob die Frage nach einem Wunsch der Betroffenen, z. B. eines Brautpaares, in jedem Falle den Weg zum richtigen Text weist, mag fraglich sein. Für kurze Texte spricht die Faßlichkeit; werden sie einprägsam ausgelegt, können sie lange nachwirken. Aber auch lange Texte, z. B. die Perikope des vorausgegangenen oder des kommenden Sonntags, finden oft eine frappante Aktualisierung, wenn man sie kühn zum Text einer Kasualpredigt macht. Oft — gewiß nicht in jedem Falle — spricht dasselbe Wort, etwa Losung oder Lehrtext des Tages oder der „Spruch der Woche“ in die verschiedensten Situationen hinein.

Die andere praktische Frage betrifft das Verhältnis dieser Auslegung des Textes zum Eingehen auf die menschliche Situation. Man muß verhindern, daß der menschliche Anlaß selbst zum Rang eines Textes der Predigt gesteigert wird. Nie sollten aber die menschlichen Konkreta vernachlässigt werden, ebensowenig bei einer Hochzeit wie beim Begräbnis; denn kein Tod ist wie der andere, und das fühlbar zu machen, hat mit Beschönigung und künstlicher Aufwertung des abgeschlossenen Lebens nichts zu tun. Die gegenseitige Durchdringung von Verkündigung und menschlicher Situation ist nicht in jedem Falle möglich und in jedem Falle schwierig. Dann soll man beides trennen, etwa so, daß das Menschliche erst zu Wort und zu seinem Recht kommt und die Verkündigung dann dazu tritt, eventuell so, daß erst zu diesem zweiten Teil der Text verlesen wird.

4. Regeln für alle Fälle

Aber wir müssen es uns versagen, ins einzelne zu gehen. Statt dessen mag es im Rahmen einer Einführung in die Predigtlehre genug sein, in einigen Regeln zusammenzufassen, was für alle „Fälle" gültig ist.

a) Man soll sich dem Wunsch nach der Kasualhandlung und demzufolge nach der Kasualpredigt nicht verschließen. Bestehen Zweifel über die ehrlichen Absichten bei diesem Begehren, wird sich der Mut zu einem offenen Wort, das ja kein verletzendes Wort sein muß, auszahlen. Im Falle des Begehrens nach einem christlichen Begräbnis ist vor allem daran zu denken, daß es sich nicht um eine „Ehrung" des Verstorbenen, um seine Rehabilitierung im öffentlichen Ansehen (falls das nötig sein sollte) oder um einen nachträglichen Akt der Kirchenzucht handelt, sondern um eine Predigt, die sich an Lebende, an die Überlebenden richtet. (Wo der letzte Wille des Verstorbenen diesen Dienst ausdrücklich ablehnt, sollte man freilich daran auch nicht mehr manipulieren.) In allen Fällen wird es sich empfehlen, vor einer Kasualpredigt das Gespräch mit denen zu suchen, die die zunächst Betroffenen sind.

b) Man soll sich bei den Kasualpredigten nichts vergeben. Wenn es deutlich ist, daß eigentlich nur die Dekoration einer Familienfeier oder eines Vereinsfestes gewünscht wird, ist abzulehnen. Diese Ablehnung dürfte allerdings niemals dem einsamen Entschluß des Pastors entspringen; er muß sich mit dem Presbyterium oder der Leitung seiner Kirche im Einverständnis wissen.

c) Man soll bei der Kasualpredigt nicht mehr sagen, als was man verantworten kann. Das gilt an sich für jede Predigt überhaupt. Aber das in der Kasualpredigt zu seinem Recht und in den Mittelpunkt drängende „Menschliche" potenziert, was eigentlich selbstverständlich sein sollte. Pathos und überschwengliche Verklärung sind immer das Indiz der inneren Unwahrheit.

d) Man soll so kurz und einprägsam sprechen, daß der Hörer sich das Gesagte auch merken kann. Der durchschnittliche Hörer einer Kasualpredigt ist des Zuhörens und des Verstehens oft noch weniger fähig als der durchschnittliche Hörer der Sonntagspredigt. Aber je ernster man das Kasuelle nimmt, je persönlicher und konkreter das Individuelle des Falles angesprochen wird, desto weniger können Leerformeln und Kanzelrhetorik aufkommen.

5. Die Chance des Kasuellen

Mit Recht ist die Kasualpredigt ein Gegenstand besonderer Erwartungen. Nirgends geht die Verkündigung so wie hier ad hominem, wird sie zum persönlichen Wort an den einzelnen. Nirgends ist daher das gepredigte Wort so offenkundig auf die Vorbereitung durch das seelsorgerliche Gespräch angewiesen und darauf, daß das geknüpfte Band hernach nicht abreißt. Das kann geradezu zur Chance eines Neubeginnes werden: verlorene Verbindungen zur Gemeinde können wieder entstehen. Aber mehr als das. Die Kasualpredigt hat ihren Anlaß in Lebensvorgängen, die allzumenschlich sind und die heute den, morgen jenen betreffen. Aber sie hat die Aufgabe, Ziele und Verheißungen sichtbar zu machen, die weit über die unmittelbaren Grenzen dieser Lebensvorgänge hinausweisen. Der Weltverstand derer, welche die kirchlichen Dienste begehren, wird das in der Regel weit nüchterner zum Ausdruck bringen. Ihm geht es darum, daß die unvermeidlichen „Feierstunden" des Lebens nicht schal, sondern durch die Ausweitung des Horizontes lohnender werden, daß ein „religiöser" Sinn dieser Augenblicke zum Ausdruck kommt, den der Mensch des profanen Alltags heute nicht mehr oder nur ganz unbeholfen zu artikulieren vermag. Aus dieser Differenz theologischer Sinngebung der Kasualien und der unbeholfenen und stummen Motivation des Begehrens erwachsen viele verhängnisvolle Mißverständnisse, die sich besonders bei den Predigern unverhohlen äußern. Aber der Mensch verfügt über die Ausweitung seines Lebenshorizontes nicht selber, und darum bittet er um den Dienst der Kirche, um zu seinen wichtigen Lebenswendungen und Todesbegegnungen ein Wort aus einer anderen Dimension zu vernehmen. Der Prediger, welcher diese oft unaussprechliche und doch so handfeste Motivierung verachten würde, wäre nicht wohlberaten.

Literatur: In den Lehrbüchern der Predigtlehre (Homiletik) bilden die Kasualien oder Amtshandlungen nur gelegentlich und dann in unterschiedlicher Ausführlichkeit ein eigenes Thema; so bei W. Trillhaas (Evang. Predigtlehre), L. Fendt / B. Klaus, W. Uhsadel, bei R. Bohren verstreut. Zum Ganzen vgl. M. Mezger, Kasualien, in: RGG III, Sp. 1164 ff. (Lit.).

Zur Geschichte der Kasualien bzw. Amtshandlungen (Sakramentspraxis): G. Rietschel, Lehrbuch der Liturgik II, Die Kasualien, (1909) ²1952 (neu bearb. von P. Graff). L. Eisenhofer, Handbuch der katholischen Liturgik II, Spezielle Liturgik, 1933, hier 2. Teil. P. Graff, Geschichte der Auflösung der alten gottesdienstlichen Formen in der evangelischen Kirche Deutschlands I, (1921) ²1937, II, 1939. H. G. Haack, Die Amtshandlungen in der evangelischen Kirche, (1935) ²1952.

Zur Praxis der Kasualien: E. Brandes (Hrsg.), Dienst am Wort (früher u. d. T. Kasualien), seit 1958 in unregelmäßig fortlaufender Reihe. M. Mezger, Die Amtshandlungen der Kirche als Verkündigung, Ordnung und Seelsorge I, (1957) ²1963 (bisher einziger Band). H. J. Thilo, Beratende Seelsorge und Kasualpraxis, 1971. Die Predigt bei Taufe, Trauung und Begräbnis. Inhalt, Wirkung und Funktion. Eine Contentanalyse. Erarbeitet von der Homiletischen Arbeitsgruppe Stuttgart/Frankfurt, 1973 (Gesellschaft und Kirche, Abt. Praxis der Kirche. Nr. 15). Von grundsätzlicher Bedeutung ist auch, unerachtet der besonderen Praxisnähe, F. K. Barth / G. Grenz / P. Horst, Gottesdienst menschlich. Taufe, Konfirmation, Abendmahl, Beerdigung. Eine Agende. 1973.

IX. Kapitel

VERNUNFTREGELN FÜR DIE PREDIGT

1. Was heißt Vernunftregel?

Der Begriff der Vernunft ist vieldeutig. Er darf in unserem Zusammenhang nicht überanstrengt werden. Er soll hier zunächst etwas sehr Einfaches besagen: die Predigt soll verstehbar sein; sie muß darauf angelegt sein, daß sie dem Hörer einleuchtet. Sie setzt also „vernünftige" Zuhörer voraus, nicht schon gläubige oder solche, die spezielle Voraussetzungen erfüllen. Die Forderung, daß sich jede christliche Predigt im Rahmen gewisser Vernunftregeln vollziehen muß, ist völlig unabhängig davon, wie man den Begriff der Predigt theologisch bzw. dogmatisch auslegt. In jedem Falle handelt es sich bei Vernunftregeln um eine regulierende, zur Sache rufende Funktion.

Zu den elementaren Vernunftregeln gehört es, daß die Predigt klar und eindeutig sein soll, so daß der Hörer sagen kann, wovon diese Predigt gehandelt hat. Das setzt voraus, daß die Predigt in einer Sprache gehalten wird, welche jedermann erreicht, also in der Alltagssprache. Das schließt nicht aus, daß diese Alltagssprache zugleich „religiöse Sprache" ist (s. 10. Kap.). Zu den Vernunftregeln gehört es, daß sich die Predigt in die Gesetze der Logik schickt: ihre Aussagen sollen in sich widerspruchsfrei und folgerichtig sein.

Der Begriff der Vernunftregeln meint freilich nicht, daß die Predigt im Dienste des Selbstverständlichen stünde, daß sie „allgemeine Wahrheiten" zu verbreiten hätte, die auch ohne christliche Predigt zugänglich sein sollten. Das würde in der Tat den Sinn der christlichen Predigt vernichten. Am Anfang derselben steht vielmehr ein Mehr-als-Selbstverständliches, ein Konkretum, das man in den Grenzen der bloßen Vernünftigkeit nicht selber finden oder erfinden, das man sich nicht selber sagen kann. Von ihm gilt, was Paulus vom Frieden Gottes sagt, er sei „höher als alle Vernunft" (Phil 4, 7), wie er auch in Anspruch nimmt: „mein Wort und meine Verkündigung bestand ... im Beweis des Geistes und der Kraft" (1 Kor 2, 4). Aber auch diese religiöse Dimension dispensiert nicht von der Forderung nach „vernünftiger" Aussage.

Denn immerhin ist ja diese Botschaft in die Worthaftigkeit eingegangen, sie wird im gesprochenen und prinzipiell verstehbaren Worte mitgeteilt und nimmt darum teil an allen Regeln und Gesetzen der Sprache, und das heißt dann an den Vernunftregeln, an welche Sprache gebunden ist.

2. Formale Ordnungsregeln öffentlicher Rede

Betrachten wir die Predigt für einen Augenblick nur als eine öffentliche Rede, so ergeben sich daraus bestimmte formale Regeln von elementarem Charakter, deren Beachtung hilfreich sein kann.

Was zunächst die *Einleitung* betrifft, so gilt, daß sie so nahe wie möglich bei der „Sache" einzusetzen hat, also praktisch beim Text oder bei dem Interesse, das der Hörer dem Text entgegenbringt, seien es nun unmittelbare Zustimmung, Zweifel oder Erwartung. Mit der Einleitung ist meist schon über das Schicksal der Predigt entschieden. In den ersten Sätzen muß man erfahren, worum es sich in dieser Predigt handeln wird. Wenn der Prediger sich einleitend in einem Felde unmaßgeblicher Betrachtungen aufhält, dann ist für ihn die Sache der Predigt offenbar nicht dringend; wenn er die Hörer zuerst mit irgendwelchen Geschichten aufhält, womöglich erfundenen, dann bringt er zum Ausdruck, daß er sie nicht ernst nimmt. Denn die Hörer haben heute dafür keine Zeit, und es verlangt sie nach Wahrheit. Aus einer in der Einleitung eröffneten Phantasiewelt wird kein Text mehr der Predigt zur Wirklichkeit zurückverhelfen.

Für die *Ausführung* der Predigt ist es wichtig, daß der Prediger den Ertrag seiner Exegese in Sätze gefaßt hat. Natürlich können sich diese Sätze dann in der Predigt auch in der Form von Fragen oder in Stichworten widerspiegeln. Individuelle oder öffentliche Probleme können den in der Exegese gewonnenen Sätzen korrespondieren. Aber die Frage soll zur Antwort, das Stichwort zur Aufschlüsselung, das Problem zur Lösung geführt werden. Da wir uns hier in formalen Regeln orientieren, mag auf einen Unterschied eingegangen werden, der sich innerhalb dieser Regeln ergibt. Wenn man nämlich vom Text — oder jedenfalls von der zentralen Predigtabsicht — aus die Nötigung empfindet, das Ziel der Predigt in einen zentralen Satz zusammenzufassen, so entsteht die klassische *Themapredigt*. Es muß gegen die leidenschaftliche Bestreitung ihres Rechtes durch K. Barth und seine Schule festgehalten werden, daß sie keinen Widerspruch zur Textpredigt bedeutet. Der Text kann in seiner Auslegung geradezu zum zentralen Thema zwingen. Aber diese Themapredigt muß immer in Teile gegliedert sein. Wie das Thema, so sollen auch die Teile der Predigt in Satzform bezeichnet werden können. Für sie gilt dann die logische Regel, daß die Teile einander ausschließen müssen und daß sie alle im Thema enthalten sein sollen. Die andere klassische Predigtform ist die der *Homilie.* Sie besteht ursprünglich darin, daß die Predigt einfach dem Text entlanggeht und ihn Vers für Vers „auslegt" und „anwendet". Auf unsere Unterscheidung bezogen bedeutet sie etwas anderes. Die Teile der Predigt sollen einen gedanklichen Fortschritt zum Ausdruck bringen, dem der Hörer „folgen" soll und kann. Die innere Einheit der Predigt wird dann nicht durch ein einheitliches, womöglich schon bald nach der Einleitung genanntes Thema repräsentiert, sondern durch ein Ziel, dem alle Teile folgerichtig entgegenführen. Die innere Ordnung bzw. die Reihenfolge der Textaussagen kann dabei, aber sie muß nicht unbedingt die Ordnung der Teile der Predigt bestimmen. Es kann sich auch so verhalten, daß einem ersten Eindruck eine Frage, dieser eine tiefere und doch nur vorläufige Einsicht folgt, bis dann das Ziel der Predigt sichtbar wird.

Der *Schluß* der Predigt muß daher genau vorbereitet sein. Wenn der Prediger nämlich den Schluß der Predigt erst auf der Kanzel sucht, dann reiht sich ein Anlauf dazu an den anderen, wenn nicht eine fade Routine am Ende in Allgemeinplätze führt. Das rechte Element des Predigtschlusses ist eben die klare Aussage des Zieles, wobei, je nach der sich nahelegenden Notwendigkeit und in den Grenzen des Geschmacks, nicht auszuschließen ist, daß sich dieses gedankliche Ziel der Predigt in der Gestalt eines Bildes oder eines „Wortes" dem Gedächtnis der Hörer besonders einprägen kann.

Das Recht dieser formalen Regeln liegt auf der Hand. Aber die Bedeutung derselben ist doch begrenzt; denn es sind die Regeln für die Gestaltung einer öffentlichen Rede in einem bestimmten und begrenzten Sinne, also keines sachgebundenen „Vortrags", keiner Rede im Zusammenhang einer Parlamentsdebatte, keines Plädoyers — aber wo gibt es solche in sich ruhenden und in sich abgeschlossenen „Reden" heute eigentlich noch? Auch ist das Modell, welches diese formalen Regeln im Auge haben, nicht spezifisch für die christliche Predigt, sondern es werden hier allgemeine Regeln der Rhetorik auf die Predigt übertragen. Dieses Verfahren hat über lange Zeit tatsächlich die homiletische Theorie und noch unverhohlener die Predigtpraxis beherrscht, ein autoritärer Formalismus, der sicher viel dazu beigetragen hat, die Predigt zu einer Institution zu machen, die selbst für die spätbürgerliche Kultur der Zeit Th. Fontanes eine Randerscheinung mit dem Hauch der Fremdartigkeit wurde.

3. Kriterien der Verstehbarkeit von Predigt

Diese theoretische Erstarrung der homiletischen Theorie, die sich in dem geschilderten Regelformalismus widerspiegelt, wurde durch zwei Faktoren aufgebrochen. Der eine war die Einsicht in die Lebendigkeit der Texte, in ihren Wortcharakter, ihre zu keiner „Lehre“ zu fixierenden Kontingenz. Der andere Faktor war und ist die Einsicht, daß mit dem „Hörer“ auch die Predigt selbst in einen tiefgreifenden Wandel hineingerissen ist, so daß sie nur unter der sorgfältigen Beachtung dieser Modifikationen ein Dienst an dem Menschen bleiben kann, zu dem sie beauftragt ist.

Vorbehaltlich der Sprachprobleme, denen das Kap. X gewidmet ist, handelt es sich um folgende vier Fragenkreise: a) um den Informationswert der Predigt, b) um Fragen des Zeitstils, c) um Spezialfragen der homiletischen Wahrhaftigkeit und schließlich d) um das Verhältnis der Predigt zur sozialen Wirklichkeit. Es handelt sich um vier Kriterien, an denen es sich entscheiden muß, ob die christliche Predigt heute und je zu ihrer Zeit den Erfordernissen der „vernehmenden Vernunft“ Rechnung trägt, ob sie für den Hörer mit ihrer Botschaft, die aus einer anderen Dimension kommt, doch in den Horizont seiner Welt eintritt und in derselben aufgenommen werden kann.

a) Information ist gewiß nicht der entscheidende Schlüssel zum Wesen der christlichen Predigt. Aber der Informationsgehalt der Predigt ist ein Kriterium ihrer Lebendigkeit und potentiellen Wirksamkeit. Denken wir uns jede Art von Informationsgehalt aus einer Predigt weg, dann kann man sie nur noch als pure Wiederholung von eh und je Bekanntem denken. An ihr wird in keinem denkbaren Betracht etwas Neues sichtbar und es lohnt sich nicht, ihr die erforderliche kostbare Zeit zu widmen. Es gab schon immer in der kirchlichen Tradition eine Predigtform, welche Information zum Gegenstand hatte. Es war die Lehrpredigt, die mit katechetischen Aufgaben befrachtet war, wie die Katechismuspredigten es waren. Als Gegenstände solcher gezielten Information kämen heute biblische, theologische oder kirchliche (ökumenische) Themen in Frage, aber eine förmliche „Lehrpredigt“, die diesem Zwecke gewidmet wäre, ist nicht mehr denkbar.

Es ist auch gar nicht die Frage nach den möglichen „Gegenständen“ der Information, was Information überhaupt zu einem wesentlichen Kriterium der Predigt macht. Zwei Seiten der Sache sind wichtig. Einmal kommt es darauf an, daß der Hörer etwas erfährt, was ihm neu ist. Wer immer die Predigt gehört hat, ob nun als „Gläubiger“ oder als „Ungläubiger“, der soll hernach „mehr wissen“ oder doch jedenfalls

„mehr verstehen“, als er vor der Predigt gewußt oder verstanden hat. Und wäre es nur, daß sich dem gewohnten Kirchgänger eine neue Seite an einem schon bekannten Bibeltext erschlossen hätte. In Zeiten weltanschaulicher Bekämpfung des Christentums oder der Kirche wird immer wieder sichtbar, welches Quantum an Information die predigende Kirche der Gesellschaft schuldig geblieben ist. Die falschen Behauptungen über christliche Lehren, die unsinnigen Sätze, die als christlich unterstellt werden, haben in der unterlassenen Information ihre Ursache. Die andere Seite des Informationsproblems liegt aber darin, daß die Predigt nicht informieren kann, wenn sie selbst uninformiert ist. Sie muß selbst mit Informationen gespeist werden, ebenso durch die Theologie, die für solche Informationszufuhr verantwortlich ist, wie durch die Zuhörer, mit denen sich der Prediger in einem „Informationsspiel“ befindet. Über die intellektuellen Aporien wie über die wirklichen religiösen Notstände seiner präsumptiven Zuhörer muß der Prediger informiert sein. Was er sagt, muß in die richtige Kerbe hauen. Oft verrät schon die Einleitung der Predigt die tatsächliche Uninformiertheit des Predigers: er meint, die Hörer lägen alle im Spital der Bibelkritik krank, oder sie hätten alle ein bestimmtes Buch, einen Zeitungsartikel gelesen. Gewiß, wenn es der Fall ist, mag er sich damit befassen. Aber er muß sich dann auch über einen Informationsvorsprung ausweisen, der ihn zu dieser Befassung legitimiert.

Soll der Prediger seine Hörer theologisch informieren? Fachtheologische Informationen sind sicherlich nicht aus dem Gemeindeleben auszuschließen, aber sie gehören, als direkte Mitteilungen an Interessierte, sicher nicht in die öffentliche Predigt. Die Theologie im fachwissenschaftlichen Sinne ist weitaus nicht so begehrt, wie sich das der Prediger vielleicht wünschen möchte. Sie ist für viele geradezu eine Last. Aber sie kann auch zu einer Hilfe werden, wenn man sie sachgerecht handhabt. Das sieht etwa so aus, daß man im Vollzug der kritischen Auslegung eines vorliegenden Textes zeigt, daß sie keineswegs dem religiösen Ertrag im Wege stehen muß. Man muß zu diesem Zweck das Problem der historischen Kritik nicht zusätzlich noch thematisieren. Man kann dogmatische Begriffe und Ordnungen zur Erleichterung des Verstehens handhaben, ohne deswegen über „Dogmatik“ zu sprechen.

Information wäre mißverstanden, wenn man sie nur als Wissenszuwachs verstehen wollte. Das ist die Vorstellung, welche der älteren Homiletik bei ihrem Leitbegriff der „lehrhaften“ Predigt vorschwebte. Tatsächlich ist die Predigt ein Lernvorgang, der den Hörer immer mit einbezieht, indem er seine Existenz in die Auslegung des Textes mit einbezieht und sein Verstehen — und damit ihn selbst „öffnet". Das Neugewonnene, der erarbeitete Gewinn der Predigt kann auch in einem für den Ungeübten schwer artikulierbaren „religiösen Ertrag" liegen. Auch wenn der Informationsgehalt nicht im platten Sinne für jeden Hörer formulierbar ist, wird er darin spürbar werden, daß die Hörer gerne kommen, weil es sich lohnt.

b) Als zweite Vernunftregel, die uns heute stärker als früher zu schaffen macht, ist das Bewußtsein des Zeitstils zu nennen. Der Zeitstil drückt sich in der Sprache aus, in dem Material der Veranschaulichung, oft auch in dem Vertrauen auf die selbstverständliche Macht eines Zitats. Das Lied des Pietismus, viele Lieder des Gesangbuches überhaupt, die für viele ältere Christen als Heiligtümer erscheinen, sagen einer anderen Generation nichts mehr. Von dem darin sich manifestierenden Sprachverlust soll noch die Rede sein (X. Kap.). Zum Zeitstil gehört auch die eigentümliche Stellung des Gefühls. Es gibt bzw. es gab Epochen, in denen der Mensch sein Gefühl stark und unbekümmert zu äußern wagte. In einer Zeit wie heute, wo man das persönliche Gefühl in einer extremen Weise verbirgt, ist die starke Äußerung desselben im Verdacht der Unwahrheit.

Aber läßt sich die Eigentümlichkeit des Zeitstils über diese hier angedeuteten Symptome hinaus beschreiben? Vielleicht läßt sich in der Kürze doch dies sagen: Der Zeitstil ist abhängig von dem Bildungshorizont, also von dem Umkreis dessen, was im Blickfeld liegt, und von der Begrenzung dieses Blickfeldes. Mit dem Wechsel der Generationen wechselt auch dieser Bildungshorizont. Das, was für eine vorausgehende Generation noch im Blickfeld lag, was in die Reichweite lebendiger Beziehungen, in die „Lebenswelt" gehörte, fällt für die nachkommende Generation unter den Horizont, es ist nur noch Erinnerung, vielleicht „Literatur", jedenfalls nicht mehr echte und gewachsene Ausdrucksform des Eigenen. Wenn sich vorausgegangene Geschlechter auf die Klassik berufen haben, Klassiker zitierten, so war das wirklich „ihre Welt". Sie ist für Heutige erloschen. Wenn sich Menschen aus der bäuerlichen Kultur in den ländlichen Elementen bewegten und sich der Denkformen, des „Stils" als der zu ihnen gehörigen Sprachelemente bedienten, dann war es echt. In diesem Stil des Sich-äußerns finden wir die Person selbst nach dem bekannten Wort von Buffon: „Der Stil ist der Mensch" (Le style est l'homme même). Aber nach dem Untergang der bäuerlichen Kultur verwandelt sich dieses System der Lebensäußerung in einen realitätsfernen Romantizismus oder in Nostalgie. Diese Sachverhalte haben für die Predigt große Bedeutung. Wenn der „Stil", der Bildungshorizont des Predigers sich nicht mit dem Stil der Hörer deckt, wenn der Prediger sich — von seinem persönlichen Schicksal aus mit allem Recht — in Stil- und Vorstellungselementen bewegt, die für den Hörer ins Unwesentliche versunken sind, dann ist das Verstehen gestört, es ist eine Vernunftregel verletzt.

Stilbewußtsein ist aber mehr als nur Stil-haben. Es ist zugleich reflexives Innesein von eigenem und fremdem Stil. Das kann dazu führen, daß ein Prediger sich in lebendiger Wachheit der ihm sozusagen ursprünglich angewachsenen Stilelemente entäußert, auf ihren Gebrauch verzichtet. Der humanistisch und in der klassischen Tradition erzogene Prediger kann sich ohne Stilbruch dieser Stilelemente entäußern. Aber er kann sich nicht krampfhaft in einen modernen Stil hineinzwingen, es sei denn, er sei unmittelbar in ihn hineingewachsen. Stilbewußtsein besagt nicht, daß man jede Mode mitzumachen hat, das zu denken hat, was „man" eben heute denkt, und das zu zitieren, was „man" eben heute zitieren muß. Des Zeitstils innesein heißt nicht, sich an ihn verlieren.

c) Der Gegenwartsstil findet seinen Ausdruck auch in der Moral. Es war Zeitstil, wenn die „Keuschheit" und was damit zusammenhängen mochte das Interesse an der Moral ganz auf sich gezogen hat. Heute scheint die Forderung nach Wahrhaftigkeit zum Inbegriff der sittlichen Forderungen geworden zu sein. Das hat übrigens auf dem Gebiet der neueren Predigtgeschichte schon eine viel weiter zurückreichende Tradition insofern, als die persönliche Wahrhaftigkeit des Predigers nicht nur eine zentrale Forderung des protestantischen Liberalismus war, sondern ihre Erfüllung war von Fall zu Fall auch die Ursache für die Macht der Predigt in jener Epoche. Die Forderung der unbedingten Wahrhaftigkeit hat also mit einer speziellen Zeitgemäßheit gar nichts zu tun. Aber das Zeitbewußtsein und das moralische Bedürfnis heute verstärken die Forderung nach unbedingter Wahrhaftigkeit in der Predigt. Jede, auch unterschwellige, dem Prediger oft kaum zum Bewußtsein kommende Verletzung der Wahrheitspflicht zerstört den Kredit des Predigtwortes bis in die Fundamente. Wo der Prediger mehr sagt, als er im Grunde verantworten kann, in der apologetischen Leidenschaft über einen Gegner unwahre Aussagen macht, da verwandeln sich die erhofften leichten Siege in verborgene Niederlagen.

Umgekehrt bewirkt die unbedingte Wahrheitspflicht bei manchem Prediger ein understatement seiner Predigtaussagen, er ist sich darüber im klaren, was er selber persönlich vor seinen Zuhörern vertreten kann und was nicht, was — angesichts seiner religiösen Entwicklung — noch nicht oder auch nicht mehr. Der Prediger ist in einer steten inneren

Selbstkontrolle begriffen. Das schließt niemals aus, daß er predigend im Glauben „sein Herz vorauswirft"; aber er muß wissen, was er tut.

d) Nach dieser dritten Vernunftregel muß also das Predigtwort zur Überzeugung des Predigers stimmen. Dem schließt sich die vierte Vernunftregel an: Die Predigt muß auch zur sozialen Wirklichkeit stimmen. Die Information über diese soziale Wirklichkeit kann nicht sorgfältig genug erfolgen. Das zeigt sich vor allem darin, daß man die Vorgänge und Verhältnisse dieser uns umgebenden Welt ohne positive oder negative Vorurteile zur Kenntnis nimmt. Es genügt, die in dieser sozialen Welt gehegten Interessen zu kennen, es ist nicht nötig, sie noch als „berechtigte Interessen" zu qualifizieren. Auch gegenüber den vermeintlichen moralischen „Verfallserscheinungen" sollte man sich solange als nur möglich der Werturteile enthalten. Auch sie haben in der Regel ihre Gründe, die man verstehen muß. Die gesellschaftliche Wirklichkeit um uns her ist „unsere Welt", näher noch: sie ist „meine Welt", in der sich mein Schicksal vollzieht. Wenn man ihr die Solidarität und den Willen zum Verständnis abspricht, verletzt man die Vernunftregel, mit dem anderen, mit der uns umgebenden Welt im selben Kontext der Vernunft zu leben. Damit entfallen natürlich auch die mißmutigen Urteile über „die Technik", „den Fortschritt", „die Philosophie"; sie entfallen in dem Maße, als der Prediger das wirklich kennt, wovon er spricht.

Die Predigt muß aus der ihr anvertrauten Sache heraus eine Überlegenheit gewinnen, welche sie jenseits von Aggressionen und Konformismus, also in Freiheit, aber fest in ihrer Zeit ansiedelt.

4. Das Argument in der Predigt

Die Predigt selbst und was sie sagt, bedarf der Begründung. Vordergründig betrachtet liegt die Begründung in der Kirche, die den Auftrag zur Predigt erteilt und verantwortet. In einem eminenten Sinne, unter einem hohen Selbstverständnis der Predigt steht sie unter der tragenden Autorität des „Wortes Gottes", also im Grunde Gottes selbst; die Bibel liefert den Text, und durch sie sprechen Christus, die Propheten und Apostel zu den Menschen, und die Predigt steht in ihrem Dienst. „Praedicatio verbi divini est verbum divinum." Das Bekenntnis der Kirche, die Autorität der Väter und auch noch das religiöse Herkommen treten dieser göttlichen Autorität bestätigend zur Seite.

Aber dieses Syndrom von „Autorität“ reicht zur überzeugenden Begründung der tatsächlich gehaltenen Predigten nicht mehr aus. Zwar steht die theologische Predigttheorie weithin noch auf dieser hochgreifenden Theorie. Aber die Wirklichkeit läßt oft genug Zweifel daran offen, ob in der Predigt jetzt und hier Gott selbst und sein Heiliger Geist das Wort regiert. Es bedarf nicht erst einer antiautoritären Grundstimmung, um zu beobachten, wie der Autoritätsanspruch der Predigt viel mehr dem Interpreten oder Repräsentanten dieser Autorität, oft auch der interpretierenden Theologie und ihrer konservativen oder progressiven Weltanschauung zugute kommen soll. Dieses Mißtrauen läßt sich durch keinen dogmatischen Spruch beseitigen.

Die Berufung auf Autorität leistet die überzeugende Begründung der Predigt nicht mehr. Vielmehr fragt der Hörer der Predigt nach dem Argument. Das Argument tritt an die Stelle der Berufung auf Autorität.

Argumente sind keine zwingenden Beweise, sondern sie sind nur stützende Gründe zugunsten eines Satzes, einer Frage wie einer Behauptung. Argumente können dann eine Aussage stützen, d. h. ihr mit guten Gründen zur Seite treten, wenn sie in einem anerkannten Bezugssystem ihren Ort haben. Das bedeutet, daß sie nur für den gelten, der selber in diesem Bezugssystem lebt; jenseits der Grenzen des Bezugssystems erlischt ihre Kraft. Insofern kann mit Argumenten nur der umgehen, der sich darüber im klaren ist, was sie zu leisten vermögen und was nicht.

Folgende Beobachtungen lassen sich leicht auf die Predigt anwenden. Wer sich etwa im Zusammenhang mit einem moralischen Appell auf die gesellschaftliche Ordnung beruft, der setzt voraus, daß diese Ordnung in Geltung steht, daß sie deutlich ist und daß der Angesprochene diese Ordnung auch anerkennt. Handelt es sich dagegen um eine gesellschaftliche Ordnung, die nur noch im Hause der Großeltern gilt oder gegolten hat, dann erlischt das Argument, das in der Berufung auf geltende Ordnung liegt. Im Neuen Testament ist die sog. „Goldene Regel“ (Mt 7, 12; Lk 11, 32) ein schlagendes Argument; denn die Regel appelliert an die Erfahrung der Gegenseitigkeit, also ein ins Unbegrenzte wiederholbares Bezugssystem, an dem jeder in seiner Weise teilnimmt. — Demgegenüber erweist sich die Berufung auf „die Erfahrung“ als ein unsicheres Argument; denn es gibt keine allgemeine Erfahrung, sozusagen eine „Erfahrung überhaupt“, sondern immer nur bestimmte Erfahrungen, die dem einen zu Gebote stehen, dem anderen nicht. Darum ist die Berufung auf Erfahrung nur für denjenigen ein wirksames Argument, der die bestimmte Erfahrung selbst gemacht hat.

Es ist sehr selten, daß einem Erfahrungen Eindruck machen, die man nicht selbst gemacht hat. Wohl aber können Erfahrungen auch ein rückwärtsweisendes Argument sein. Die Berufung auf „alte Erfahrung“ unterliegt mitunter dem Verdacht, daß sie neue Erfahrung verhindern soll. Aber es gibt neue Erfahrungen, welche die alten außer Kraft setzen und ihnen sogar widersprechen können.

Für die Predigt hat besonders die Frage Bedeutung, ob die Berufung auf die Bibel ein hinreichendes Argument ist. Natürlich kann die Predigt, die über einen biblischen Text gehalten wird, mit der Berufung auf diesen Text argumentieren; sie muß es sogar. Das schließt die Berufung auf ähnliche oder auch widersprechende Bibelstellen ein. Die zum Anhören einer schriftgemäßen Predigt versammelte Gemeinde hat stillschweigend ihr Einverständnis erklärt, daß sie Textaussagen als Argumente in der Predigt anzuerkennen bereit ist. Aber außerhalb dieses innerchristlichen Einverständnisses wird die Berufung auf die Bibel, die innerhalb der Gemeinde an einen Sinnzusammenhang erinnert, zu einem Appell an Autorität. Und jeder Prediger sollte sich von der Illusion freimachen, daß der Appell an die Autorität der Bibel in der säkularisierten Welt ein überzeugendes Argument sei. Das schließt nicht aus, daß das biblische Wort im Bunde mit der religiösen oder auch der praktischen Erfahrung unvoreingenommene Menschen überzeugen kann. Aber das ist dann eine innere Autorität, die nur in Freiheit gewonnen wird. — Auch die logische Folgerichtigkeit kann zu einem berechtigten Argument werden, dann nämlich, wenn die Voraussetzung feststeht und der Angesprochene „folgen“, d. h. die Folgerichtigkeit einsehen kann.

Ein sehr unvollkommenes Argument, kaum noch als solches zu bezeichnen, ist es, wenn der Prediger eigene Erfahrungen ins Spiel bringt und die Hörer dazu einlädt, die gleichen Erfahrungen zu machen. Aber die Analogie von gemachten und möglichen Erfahrungen ist eben keine wirkliche, sondern nur eine scheinbare Analogie, und sie wird dem gegenüber, der an dem Glück dieses Glaubens keinen Anteil hat, nicht als Argument in Betracht kommen. — Völlig abwegig ist der Versuch einer Argumentation, die auf jeden Bezugsrahmen verzichtet und dafür das „Experiment des Glaubens“ empfiehlt. Das sieht so aus, daß man etwa sagt: „Versuche es doch einmal mit dem Gebet, und du wirst erfahren . . .“ Dabei liegt dann die Berufung auf Joh. 7, 17 nahe: „So jemand will des Willen tun, der wird innewerden, ob diese Lehre von Gott sei.“ Die in Aussicht gestellte Möglichkeit der Erfahrung verleiht dieser Rede den Anschein eines Arguments. Tatsächlich wird die Skepsis des Hörers dadurch unterlaufen, daß man eine Erfahrung des Glaubens vorwegnimmt, die man in sichere Aussicht stellt, die aber doch in Wahrheit noch nicht vorhanden ist. Das ist aber kein Argument.

So wichtig das Argument in der Predigt ist, so ist es doch in seiner Handhabung ebenso von der Situation wie von der Umsicht des Predigers abhängig. Zweierlei ist noch hinzuzufügen.

Einmal kann das Bedürfnis des Hörers nach einer Begründung der Behauptungen des Predigers nicht hoch genug veranschlagt werden. Auch der zur Zustimmung bereite, der bewußt „christliche“ Zuhörer fragt nach dem Warum. Könnte er in der Predigt dieses „Warum?“ artikulieren, dann stünde der Prediger so vielen Fragen gegenüber, daß er kaum zum Ziel seiner Predigt gelangen würde. Daher muß er argumentieren, d. h. er muß den unausgesprochenen Fragen zuvorkommen. Er sollte die Fragen selber kennen, er muß um so mehr mit ihnen rechnen, weil er sie in sich selber hegt. Das Argument ist sozusagen eine stete heimliche Fragebeantwortung, die Theologie der Frage eine Theologie des Arguments, eine sich ihrer Gründe immer aufs neue vergewissernde Theologie und Predigt.

Und das andere: Das Argument muß einleuchten, und es soll in der Predigt den Sätzen der Verkündigung dazu verhelfen, daß sie einleuchten. Das ist ein Lebensvorgang, der sich ebensowenig in der bloßen Logik erschöpft, wie sich die aller christlichen Predigt vorausliegenden Tatbestände der bloßen Logik verdanken. Das Argument ist weniger als ein Beweis; es ist nicht stringent, nicht zwingend, es ist relativ zu dem Bezugssystem, innerhalb dessen es einleuchtet und jenseits von dessen Grenzen es seine Kraft einbüßt. Das Argument ist aber andererseits auch in vielen Fällen mehr, als ein logisches Instrument sein könnte; denn es beruft sich auf die den Argumentierenden und den Hörenden gleichermaßen umschließende Lebenswelt, es bewegt sich im Tatsächlichen. Der Ursprung des Evangeliums, die Bibel und der biblische Text, die Kirche und die Versammlung der Predigthörer — das alles liegt vor jedem Argument. Aber diese Tatsächlichkeit dispensiert nicht vom Argument. Die Predigt ist immer, selbst bei den Gläubigen, der Frage ausgesetzt, wie sich ihre Behauptungen begründen lassen, und wo sich die Freude, welche das Evangelium verkündigt, in unserer Lebenswelt bestätigt. Das Verlangen nach Begründung wird erst in der „Überzeugung“ zum Frieden kommen. Würde die Predigt sich nicht mehr um Argumente bemühen, dann würde sie den Menschen verachten, der darin Mensch ist, daß er das Fragen nicht lassen kann. Wie weit freilich die Kraft des Argumentes reicht, das ist nicht mehr berechenbar. Hier werden wir der Unberechenbarkeit der geschichtlichen Welt, der Geheimnisse der menschlichen Natur und der Verborgenheit Gottes inne. Das Bedürfnis nach den Gründen entspricht der Rationalität unserer Natur, aber die Überzeugungskraft der Argumente ist unverfügbar.

Literatur: Die *formalen Regeln der Predigtdisposition* sind in jeder älteren Homiletik ausführlich behandelt; jetzt noch außerdem E. Lerle, Die Einleitung der Predigt. Eine homiletische Untersuchung, 1972.

Für die im Hintergrund des Kapitels stehenden *Probleme des Verstehens* sei hingewiesen auf: H. G. Gadamer (Hrsg.), Das Problem der Sprache. VIII. Deutscher Kongreß für Philosophie, Heidelberg 1966, 1967. Ders., Wahrheit und Methode. Grundzüge einer philosophischen Hermeneutik, (1960) ²1965. G. Ebeling, a. a. O. A. Grabner-Haider, Sprachanalyse und Religionspädagogik, 1973. (Der 1. Teil bietet eine knappe und nützliche Einführung in die Probleme der Sprachanalyse. Sie werden im 2. Teil dergestalt auf die Religionspädagogik angewendet, daß ihre Geltung für die Predigtlehre unmittelbar einleuchtet.) P. Ricoeur, Hermeneutik und Strukturalismus, (1969) dt. 1973.

Zum Informationsbegriff: K. Steinbuch, Die informierte Gesellschaft, 1966. H.-E. Bahr, Verkündigung als Information, 1968. J. Roloff (Hrsg.), Die Predigt als Kommunikation, 1972. H. R. Rapp, Wohin mit der Information? 1972 (Die journalistische Aufmachung des Buches darf nicht über seinen sachlichen Ertrag für das Problem der Predigt täuschen.) G. Hegele, Argumente zum Glauben. Ein Arbeitsbuch über Funktionswert und Praxis des christlichen Glaubens, 1973.

X. Kapitel

SPRACHPROBLEME DER PREDIGT

1. Die Predigt in der Sprachkrise

Im Grunde ist die ganze Predigtlehre in allen Wendungen ihrer Fragestellung ein einziges Sprachproblem. Denn in der Predigt kommt ebenso der Glaube der Christenheit wie seine Begründung, es kommt das Evangelium wie das gegenwärtige Christentum „zur Sprache". Ohne Predigt sind Christenheit und christlicher Glaube „sprachlos".

Die konkrete Problematik, die mit dem generellen Sprachproblem verbunden ist, kommt freilich erst durch die geheime und offenkundige Krise der Predigtsprache zum Vorschein. Die geheime Krise ist diejenige des Predigers, der angesichts der vor ihm stehenden Aufgabe sein Unvermögen empfindet und oft nach der Predigt eingestehen muß, daß er gescheitert ist. Die offenkundige Krise ist die der Hörer, die in ihren Erwartungen enttäuscht werden, ohne diese Enttäuschungen im einzelnen erklären zu können. Die Krise der Predigtsprache kommt seit jeher zum Ausdruck in den Beschwerden über Kanzelsprache und Kanzelpathos, über Unechtheit, Plerophorie und Monotonie der geistlichen Rede. Die Erfahrung dieser Krise steigert sich nur noch durch den Kontrast zu den übersteigerten Predigtbegriffen, die in der Neuorthodoxie unseres Jahrhunderts dann auch der Predigt eine unvergleichliche geistliche Autorität zugewiesen haben.

Die Aufgabe dieses letzten Kapitels ist es, zunächst diese Krise zu analysieren, ohne doch bei ihr stehenzubleiben. Es gilt vielmehr, diesen Beobachtungen einen positiven Ertrag abzugewinnen und die Sprachproblematik überhaupt für eine neuzeitliche Predigtlehre nutzbar zu machen.

Die gegenwärtige Krise der Predigtsprache kommt wenigstens in drei kritischen Beobachtungen ins Blickfeld. Es handelt sich dabei um mehr oder weniger häufige Symptome, die nicht nur dem Hörer zugänglich sind, sondern die jeder Prediger bei einiger Selbstkritik an sich selbst beobachten kann.

a) Ich nenne zuerst den Bedeutungsschwund, dem viele Begriffe und Aussagen der herkömmlichen Predigt verfallen sind. Es gibt in der traditionellen Predigt Ausdrücke, denen keine pragmatisch verifizierbare Bedeutung mehr zukommt. „Unsere Sünde" bedeutet nichts mehr, wenn der Ausdruck für „jedermann“ angewendet wird. Daher sind auch die sog. Beichtformeln unserer Agenden und die herkömmliche „Offene Schuld“ in der Bußtagsliturgie zu Leerformeln geworden. Man kann nicht mehr voraussetzen, daß das in Selbstverständlichkeit geglaubt wird. — Man wird davon ausgehen können, daß dogmatische Begriffe und Formeln keine unmittelbare Geltung in der Profansprache mehr haben. Diese „Profansprache“ — das Wort bezeichnet ein im Innenbereich der Kirche und Gemeinde gehegtes Fremdheitsgefühl — ist aber die Umgangssprache derer, an welche sich die Predigt wendet. Für diese Umgangssprache der Predigthörer sind Worte und Aussageformeln der dogmatischen Tradition „veraltet“, sie können in der Predigt nicht mehr unbefangen vorausgesetzt werden, sondern sie sind, wenn sie thematisiert werden, der Interpretation oder der Übersetzung bedürftig. Je mehr sich die Predigt sprachlich auf die positionelle Dogmatik verläßt, desto mehr wird sie von dem Schicksal des Bedeutungsverlustes ihrer tragenden Begriffe und Aussagen ereilt. Das bedeutet nicht, daß die Dogmatik für die christliche Predigt belanglos wird; aber es besagt, daß die Dogmatik als solche in der Predigt nichts zu suchen hat, daß sie vielmehr eine Stufe in der Zurüstung des Predigers für die Predigt bezeichnet.

Vom Bedeutungsverlust werden auch alle die Begriffe und Aussagen ereilt, welche zu Instrumenten eines heimlichen oder offenen Klerikalismus geworden sind. Zweifellos ist es christlich legitim, andere Menschen als „Brüder und Schwestern“ zu bezeichnen. Wenn aber diese Bezeichnungen zur innerkirchlichen Spezialanrede werden, die z. B. nur kirchlichen Mitarbeitern, oder aber auch Predigthörern vorbehalten werden, dann finden wir uns unversehens in ein kirchliches Bedeutungsgeflecht verwickelt, das nicht dem alltäglichen Umgang entspricht. Und das heißt: Derartige Begriffe verlieren überhaupt ihre Bedeutung. — Die traditionelle kirchliche Sprache wird weithin durch die festgelegte Sprache der Agenden bestimmt. Da die agendarischen Gebete und die liturgischen Ausformungen gottesdienstlicher Handlungen sozusagen im selben Atemzug mit der Predigt geschehen, kann es nicht ausbleiben, daß sie sprachlich aufs stärkste auf die Predigt selbst Einfluß nehmen. Aber die agendarische Sprache ist ganz allgemein durch eine Plerophorie, durch einen Überschwang des Ausdrucks gekennzeichnet, der sie in Kontrast setzt zur allgemeinen Sprache. Diese getragene Feierlichkeit ist nicht „unsere Sprache“. Aber eben dieses Zuviel, der plerophorische Überschuß ist inflationär, er ist ohne „Deckung“ durch entsprechende Bedeutung, er ist daher ein genaues Indiz für den Bedeutungsverlust dieser gehobenen Sprache.

b) Die Krisensymptome der Predigtsprache verstärken sich in dem Maße, in welchem sich das kirchliche und christliche Bewußtsein von dem der allgemeinen Gesellschaft abspaltet. Das Problem, das damit angesprochen wird, ist nicht neu; es hat schon Schleiermacher erregt. In einer christlichen Kirche, welche sich in der Gesellschaft als abgesonderte Gruppe versteht, wird auch die Predigt in Mitleidenschaft gezogen: ihre Sprache wird nur noch innerhalb der Gruppe verstanden, sie ist nur noch den Gesinnungsgenossen zugänglich. Die Predigt gerät an den Rand der Alltagssprache, die Predigtgemeinde wird zu einer Randgruppe, zu einer „kognitiven Minderheit", zu einer „marginalen Gruppe" (Th. Luckmann und P. L. Berger). Der Tatbestand ist insofern besonders tückisch, als er trotz alles kirchlichen Bemühens um Realismus nur von „außen" her in seiner ganzen Tiefe begriffen wird. Man kann „innen" gar nicht verstehen, warum sich die „draußen" ausgeschlossen fühlen; denn man ist sich einer ehrlichen Sprache bewußt. Die dem Draußenstehenden fremd gewordene Sprache bringt doch zum Ausdruck, was der Sprechende wirklich meint. Die Sprachbarriere wird nur draußen wahrgenommen. Sie bewirkt, daß der andere um der Sprache willen keinen Zugang mehr zu der Sache hat, die in der fremdgewordenen Sprache der Predigt zur Aussage kommen soll. (Eine derartige Fremdheitserfahrung vollzieht sich übrigens ständig bei der Begegnung mit der Predigt vorausgegangener Generationen: ihre Predigt erreicht uns nur noch über das historische Verstehen, aber nicht mehr unmittelbar. Ihre Predigt hat mit Fug und Recht die Sprache ihrer Zeit gesprochen, aber sie ist nicht mehr unsere Sprache.)

Die Krise besteht in der Entrückung der Predigt in den Winkel bzw. in die Randsituation einer exklusiv „kirchlichen" Sprachform. Für diesen Vorgang ist die Wahl der Worte allein nicht entscheidend. Auch die allgemeine Thematik, zu der diese Sprache immer wieder zurückkehrt, liegt für das allgemeine Bewußtsein abseits. Es ist ein Irrtum, zu meinen, es handle sich hier um ein Phänomen innerkirchlicher Rückständigkeit, für das vor allem „konservative Kreise" die Schuld trügen. Vielmehr werden auch die „progressiven" und sich modernistisch fühlenden Vertreter innerhalb der Kirche, der „religiösen Gruppe" von diesem Minderheitenschicksal ereilt. Denn auch sie sind ja auf die gleichen Themen fixiert, und ihre Thematik ist noch viel mehr durch eine provokative, oft auch starre Formulierung auffällig. Ihre Bemühung um Koordinierung mit der zeitgenössischen Problematik macht sie, dank der penetranten Beflissenheit, in der Gesellschaft nur um so auffälliger, und das alles zusammengenommen bewirkt, daß die Predigt im Horizont der Umgangssprache zu einer Randerscheinung wird.

c) Zu diesen Krisensymptomen gehört schließlich auch das Absinken der dem Predigtgottesdienst entgegengebrachten Erwartung. Die Gründe dafür sind mannigfaltiger Art und sicher nicht ausschließlich in einem Wandel allgemeiner „Religiosität“ zu suchen. Das Bedürfnis nach einem christlichen (oder jedenfalls religiösen) Wort findet in den Massenmedien weithin seine Befriedigung, aber allenthalben ist wahrnehmbar, und keineswegs nur an den öffentlichen Gottesdiensten ablesbar, wie ungern der Mensch von heute seine Privatsphäre verläßt. Und im kirchlichen Bereich machen viele andere Aktivitäten dem Gottesdienst Konkurrenz. Es ist hier nicht der Ort, das Phänomen der verminderten Erwartung gegenüber dem Predigtgottesdienst zu analysieren; noch weniger ist es die Absicht, das Phänomen zu bewerten oder über eine mögliche Therapie nachzusinnen. Es genügt hier die bloße Feststellung: Das Bewußtsein von der Notwendigkeit der öffentlichen Predigt ist sichtlich im Abnehmen. Und das gilt ebenso in der Breite unserer Gesellschaft wie innerhalb der christlichen Gemeinde selbst. Offenbar ist man der Überzeugung, auch ohne diese Predigt christlich leben zu können. Wenn man aber meint, das „Christliche“, das Evangelium, das Wort Gottes, oder wie immer man den Kern der Predigt und den Grund ihrer Notwendigkeit benennen mag, müsse nicht mit Notwendigkeit „zur Sprache kommen“, dann ist das ein Krisensymptom für die Sprache der Predigt.

2. Predigt in Umgangssprache

Auch wenn man diese Krisenzeichen nicht an jeder Stelle des kirchlichen Lebens in gleicher Dichte und Dringlichkeit antrifft, so wäre es nicht wohlgetan, ihre Bedeutung herunterzuspielen oder zu verharmlosen. Sie sind der Hintergrund der Sprachproblematik der Predigt. Und Krisen werden nur überwunden, wenn man ihrer Wahrnehmung und Analyse nicht ausweicht.

Die Problematik der Predigtsprache ist vor allem darin begründet, daß sich in der Predigt zwei Sprachebenen überschneiden. Die christliche Predigt vollzieht sich nämlich in der Umgangssprache, und sie ist zugleich an der Problematik der „religiösen Sprache“ beteiligt.

Wir wenden uns in diesem Abschnitt der ersteren zu. Die Predigt soll den christlichen Glauben im Kontext unserer Wirklichkeit interpretieren, und das heißt zugleich: in einer Sprache, die auch „der Mann auf der Straße" versteht, also in der Sprache für „jedermann". Sofern diese Sprache auch die Umgangssprache des Predigers ist, bedeutet das also lediglich, daß er in dieser Alltagssprache auch predigen soll.

So einfach das nun klingt, so schließen sich an diese generelle Regel einige Unterscheidungen und Abgrenzungen an. Sie sind zum einen Teil selbstverständlich, zum anderen müssen sie doch ausdrücklich geltend gemacht werden, weil die Alltagssprache in der Predigt mit benachbarten Sprachebenen in Konkurrenz tritt.

a) Die Sprache der Predigt ist nicht die der Theologie. Eine gute Theologie erweist gerade in der Predigt ihre Fruchtbarkeit, wenn sie richtig angewendet wird. Aber die Sprache wissenschaftlicher Theologie hat, von verschwindenden Ausnahmen abgesehen, bei den Predigthörern keine Antenne. Wenn hinter der Predigt eine gute Exegese des Textes und eine einsichtige Dogmatik steht, merkt es der Kenner. Aber es besteht kein Anlaß, das in der Predigt noch ausdrücklich hörbar zu machen.

b) Die Sprache der Predigt soll keine Privatsprache des Predigers oder einer kleinen Gruppe sein. Junge Prediger haben in den Anfangszeiten ihres Dienstes oft das Bedürfnis, die Besonderheiten der Schule, aus der sie eben kommen, oder einer modernen Bewegung, an der sie teilnehmen, der Gemeinde mit überlegener Gewißheit zu verkündigen. Sie merken nicht, daß sie nur die Privatsprache einer Schule, einer Gruppe sprechen, die am Rande der Gemeinde und meist auch der Gesellschaft steht.

c) Auch die Sprache der Poesie kann als benachbarte Sprachebene angesehen werden. Denn die Predigt ist auf schöpferische Gestaltung der Aussage, auf die Kraft der Phantasie, auf die Gabe der eindrücklichen Formulierung und die Kunst der Erzählung angewiesen, alles poetische Elemente. Trotzdem ist die Sprache der Predigt nicht Poesie. Sie darf die Treue zum Text ebensowenig wie den Boden der Realität ihrer Zuhörer verlassen, sie darf sich nicht ins Rätselhafte, ins Mögliche oder bloß Wünschbare entfernen. Ihre strenge Wahrheitspflicht zwingt sie, sich von der Poesie zu unterscheiden. Sie muß unzweideutig sprechen und jedermann verständlich bleiben. Das schließt nicht aus, daß etwa die Berufung auf das Zeugnis eines Dichters oder ein Gesangbuchlied eben diesem Zweck der Deutlichkeit — freilich in sparsamer Dosierung — dienen können.

d) Das führt sofort zum Problem der Mythologie. Viele Texte sind in dem Sinne „mythologisch", daß sie über himmlische Ereignisse und Verhältnisse berichten, als wären es irdische. Luthers zentrales Lied „Nun freut euch, lieben Christen gmein ..." gibt ein innertrinitarisches Gespräch wieder, in dessen Folgen wir mit einbezogen sind. Aber die Predigt kann nicht in der Sprache der Mythologie sprechen, sondern ist auf die Umgangssprache angewiesen. Sie muß es also versuchen, von „himmlischen Dingen“ im Horizont unseres Verstehens und unserer Welt zu sprechen. R. Bultmann hat es so ausgedrückt: sie muß existential interpretieren. Ich würde vorziehen zu sagen: unsere Predigt muß darüber Auskunft geben, was derartige biblische Aussagen religiös bedeuten, in welcher Weise und aus welchen Gründen sich unser Glaube, unsere Lebenszuversicht und unsere Hoffnung darauf gründen können. Die Predigt muß also jedenfalls die mythologische Sprache, wo sie ihr kompetent, etwa als Text, begegnet, übersetzen, interpretieren, aber sie kann nicht selbst in dieser Sprache sprechen.

e) Und schließlich das Nächstliegende: In der unmittelbaren Nachbarschaft der heutigen Predigt liegt die Predigt der Väter und Vorväter. Die Kirchenväter der Alten Kirche waren unübertroffen in dogmatischer Deutlichkeit, die Reformatoren in der Kühnheit der zentralen Aussage, und noch die Prediger des 19. Jahrhunderts waren Meister der Predigtdisposition. Wir können in jeder Hinsicht von ihnen lernen, wir können nichts von alledem wiederholen. Predigen in der Umgangssprache heißt für uns: der Prediger hat seinen Ort in der gegenwärtigen Welt, in der gegenwärtigen Gesellschaft, ihm sind die heutigen Menschen anvertraut und er muß zu ihnen in ihrer, in unserer Sprache sprechen.

Das greift sogar in so äußerliche Dinge wie die Länge und Kürze der Predigt ein. Können heutige Zuhörer überhaupt noch so lange zuhören, wie es der Prediger annimmt, der sich vielleicht immer noch am Modell einer „akademischen Stunde“ orientiert? Schon die Uferlosigkeit des Sagens, das pastorale Gerede ohne Ende ist ein Zeichen für einen Sprachstil, der in der Umgangssprache unerträglich wäre.

Indem wir so der Umgangssprache eine normierende Bedeutung zuerkennen, kommen natürlich auch bestimmte Möglichkeiten in Sicht, diese Regel zu mißbrauchen. Umgangssprache besagt ein gewisses Niveau der Sprache, das sich daran orientiert, wie jedermann spricht und was jedermann verstehen kann. Von diesem sprachlichen Durchschnitt aus gesehen gibt es Varianten nach „oben“ und „unten“. Die Sprache kann sich „über“ das Niveau des „gemeinen Mannes“ ins „Ungemeine“ erheben, ins Feierliche, nicht jedermann Zugängliche, nicht mehr Alltägliche. Das kann einer nicht alltäglichen Situation angemessen sein, und es muß nicht unbedingt bedeuten, daß das unnatürlich wäre oder nicht mehr verstanden werden könnte. Aber die Gefahr eines Überschreitens der Grenze der Umgangssprache liegt nahe; jenseits dieser kaum noch definierbaren Grenze kann die Sprache unnatürlich wirken, und je nachdem liegt der Überschlag ins Komische wie ins Unverständliche nahe. Je mehr man hingegen auf das jedermann Zugängliche abhebt, desto mehr wird die nach „unten" ziehende Tendenz fühlbar. Der Predigt im Dialekt einer Landschaft sind deutliche Grenzen gezogen: die Verstehbarkeit nimmt rapide ab, das nostalgische Vergnügen an der Pflege der alten Sprachtradition gewinnt leicht die Vorhand vor dem Interesse am Evangelium. Dennoch liefert die Volkssprache wichtige Sprachelemente, sie legt Sperren gegen die Abstraktion des Ausdrucks. Freilich hält, mit zunehmender Orientierung nach unten, auch der Slang, der zur Zeit gängige Slogan Einzug in die Predigt. Das ist unbedenklich, solange der Prediger sich dieser Sprachelemente zur Veranschaulichung des Gemeinten, aber eben doch in einer gewissen Distanz bedient. Es wird unerträglich, wenn es ein Anzeichen dafür wird, daß sich die Predigt ins Gewöhnliche verliert.

Die Tatsache, daß Umgangssprache ein gesellschaftliches Sprachniveau anzeigt, verdankt sich zweifellos einer Nivellierung der in einer Gesellschaft vorhandenen Sprachstile. Noch vor ein oder zwei Generationen waren die Sprachstile deutlicher als heute verschieden: die Bauern, die Beamten, Geschäftsleute oder die Soldaten, der Adel und der Industriearbeiter — sie hatten ihre eigenen unverwechselbaren Sprachstile. Durch die rasch voranschreitende Verstädterung und den ständigen Einfluß der Massenmedien auf die Sprache ergibt sich eine rapide Nivellierung des Sprachstils. Fach- und berufsspezifische Sprachelemente sind nur noch Einsprengsel und ohne Einfluß auf das Gesamtniveau. Das hat nun für die Predigt eine wichtige Folge. Das vormals viel verhandelte Problem, wie sich die Predigt auf die besondere Sozialstruktur der Zuhörer und auf ihre eigentümlichen Bildungsvoraussetzungen einzurichten habe („Dorfkirche") wird von Jahr zu Jahr unwesentlicher. Gerade die Predigt bringt es an den Tag: der vermeintlich „Gebildete" hat kein Privileg darauf, das Anliegen der christlichen Predigt besonders genuin zu verstehen, und der ungelehrte, unreflektierte Zuhörer kann oft schneller „begreifen". Die Schwierigkeitsgrade zwischen Aufgeschlossenheit über kritische Zurückhaltung bis zur Verschlossenheit entsprechen keiner sozialen Schichtung.

Hingegen findet sich unter dem Einheitsniveau des Sprachstils und des sozialen Verhaltens ein Pluralismus ganz eigener Art, der für die Aufnahme der Predigt einschneidende Folgen hat. Es ist vor allem das, was die Menschen an frühen oder doch früheren Schicksalen teils unbewußt, teils als bewußte Erinnerungen mitbringen: Familienerfahrungen, Zustände in den Elternhäusern, auch wenn sie schon längst verlassen worden sind; Armut, Kriegserlebnisse, die ja im einzelnen sehr verschiedenes bedeuten können. Oft ist es dann verräterisch bzw. aufschlußreich, wo das Gefühl ansprechbar ist: Überraschend für den Beobachter, den Seelsorger und Prediger, wird der Mensch, mit dem er es zu tun hat, ansprechbar und von wachem Interesse, wenn er sich in seinen Verbitterungen, in seinen Ressentiments oder auch in seinen für die Öffentlichkeit untergegangenen Idealen bestätigt sieht. Das „Gedächtnis der Gefühle" (Bastian) drückt sich auch in den vom Prediger aufgebotenen Bildern, im Anschauungsmaterial aus. Konservative Trends verraten sich — was den Prediger betrifft — in seiner Bildersprache, sie entschleiern sich — was den Hörer angeht — in dem, was letztlich von einer gehörten Predigt behalten wird.

3. Predigt als religiöse Sprache

Indem die Predigt von Gott und seinem Offenbarwerden, von seiner Kundgabe in „Welt" spricht und die frohe Botschaft Jesu Christi zu verkündigen hat, geschieht sie in religiöser Sprache. Das ist eine semantische Aussage. Sie bezeichnet die andere Sprachebene der Predigt, die sich mit der umgangssprachlichen überschneidet. Was heißt „religiöse Sprache"? Grundlegende Aussagen, Begriffe wie Sätze überschreiten in ihrer Bedeutung diejenige, welche sie in bloß verbalem Verständnis haben. Religiöse Sprachelemente sind insofern „religiöse", als sie über das verbal Bezeichnete hinaus „mehr meinen". Die religiöse Sprache transzendiert die Umgangssprache.

Wir kennen das Transzendieren, d. h. das Überschreiten des Verbalsinnes auch sonst. Kein Wort, kein Satz ist als solcher schon eindeutig. Es gibt zweifellos Sprachspiele, die auf Eindeutigkeit angelegt sind, wie z. B. mathematische Gleichungen, wiewohl die Frage nicht abzuweisen ist, ob sich nicht in einer mathematischen Aufgabe mit zwei „Lösungen" so etwas wie ein sprachlicher Doppelsinn verbirgt. Überschreiten des Verbalsinnes ist dann gegeben, wenn in einem Satz, oder auch nur in einem Wort mehr ausgesprochen ist, als der Satz bzw. das Wort selbst aussagt. Wenn ich einen Mann, der einen Sohn hat, als „Vater" bezeichne, so kann das eine Tatsachenfeststellung sein oder auch Ironie zum Ausdruck bringen. Ein Aussagesatz kann die überschießende Bedeutung eines Befehls haben („Die Kompanie steht morgen früh 7 Uhr ..."). So können Fragen, Wünsche, Werturteile erst im Überschreiten des Verbalsinnes erreichbar sein.

Im Falle der religiösen Sprache überschreiten wir den Verbalsinn in Richtung auf das „Göttliche", auf eine heilige, unser Leben tragende unverfügbare göttliche Macht. Die religiöse Sprache gilt immer in dem Sinne, daß sie „mehr meint", als in dem bloßen aufgebotenen Bestand an Wort und Satz zum Ausdruck gebracht werden kann. Das schwierige Verhältnis von Uneigentlichkeit und Sachgemäßheit in der religiösen Sprache wurde in meiner Religionsphilosophie ausführlicher besprochen (Berlin 1972). Auch für die sehr verzweigten sprachphilosophischen Probleme, die sich hier ergeben, verweise ich auf dieses Buch (dort auch weitere Lit.).

Wenn ich einen neben mir stehenden Menschen als „meinen Bruder" bezeichne, obwohl ich mit ihm nicht leiblich verwandt bin, so wird der Begriff mit einer Bedeutung befrachtet, die er ursprünglich nicht hat. Man kann den religiösen Sprachgebrauch in einem solchen Falle als Gebrauch im eminenten Sinne deuten. Selbst das Wort „Gott" ist nicht eo ipso ein „religiöser Begriff", denn es kann auch im Kontext einer mythologischen Betrachtung oder ironisch gebraucht werden. Selbst dieses Wort transzendiert also, wenn ich es religiös, d. h. „gläubig" ausspreche, die umgangssprachliche Bedeutung.

Im weiten Felde der religiösen Sprache ist nun die Predigt nur ein Sonderfall. Viele denkbaren Möglichkeiten der Sprache zwischen Gott und Mensch fallen nicht in die Verantwortung der Predigt. Ich nenne als Beispiele Gottes eigene Kundgabe, etwa an einen Propheten, in Vision und Audition; das Gebet zu Gott, Binde- und Löseformeln oder der Vollzug des Segens sind nicht Predigt, nicht einmal Teile der Predigt. Es sei denn, daß diese Begriffe, Sätze oder Mitteilungen an eine Zuhörerschaft umgangssprachlich vermittelt werden sollen. Predigt hat immer das ursprünglich Fremde, das Gegenstand der religiösen Aussage ist, zu interpretieren, verständlich zu machen. Es mag Zeiten gegeben haben, in denen religiöse Sprache unmittelbar verständlich und jedermann zugänglich war. Es mag demgegenüber das Eigentümliche der Neuzeit sein, daß die zunehmende Rationalität der Sprache den religiösen Sprachgehalten immer weniger Raum beläßt. Wenn es so ist, dann wächst damit nur die Notwendigkeit der Predigt als Interpretationsvorgang für das neuzeitliche Christentum. Aber auch als Interpretationsvorgang verstanden hört die Predigt nicht auf, ein Modus religiöser Sprache zu sein.

Was heißt aber hier „verständlich machen" und verstehen? Das Verstehbare ist eingegrenzt durch das nicht mehr Verstehbare und das noch nicht Verstehbare. „Nicht mehr verstehbar" kann heißen, daß etwas grundsätzlich dem Verstehen entzogen ist und niemals verstanden werden kann. Es ist dann das durch Verstehen „nicht mehr" Erreichbare. Aber es kann auch heißen, daß in einer früheren Phase geschichtlicher Entwicklung oder auch meines eigenen Lebens etwas verstanden werden konnte, was „man" oder auch was „ich" jetzt nicht mehr verstehen kann. Das Verfallen des einst Verstandenen zur Unverstehbarkeit kann ein irreversibler Prozeß sein, aus vielen Gründen, es kann aber auch die Möglichkeit offenlassen, daß man das Verstehen erneuert. „Noch nicht verstehbar“ kann ein eschatologischer Begriff sein (z. B. Joh 13, 7), es kann aber auch bedeuten, daß man das bislang Unverstandene dem Verstehen zugänglich macht. Daraus geht zweierlei hervor: Verstehen hat ein geschichtliches Element in sich, es ist eingebunden in einen Prozeß wachsender oder jedenfalls sich verändernder Zugänglichkeit, und zum anderen: volles Verstehen gilt immer nur im Präsens; das Verstandene leuchtet mir *jetzt* ein.

Die Predigt ist, indem sie im Dienste dieses Verstehens religiöser Bedeutungen und Sachverhalte steht, selbst ein Modus religiöser Sprache. Denn dieses Verstehen, ganz an die Gegenwart verhaftet, steht in engster Affinität zum Glauben. „Glaube darf nicht eine Stunde alt sein.“ (R. Musil, Der Mann ohne Eigenschaften, 3. Teil, 12. Kap.) Dieses religiöse Verstehen unterscheidet sich vom historischen Verstehen dadurch, daß es ein unmittelbares, keiner vermittelnden Glieder bedürftiges Verstehen ist: ich verstehe selbst, ich beziehe das Verstandene auf mich, ich bejahe, ich „glaube“ es. Demgegenüber ist das historische Verstehen immer indirektes Verstehen: ich kann verstehen, wie andere Menschen dort und damals etwas so sehen, glauben, ausdrücken konnten usw.

Predigt hat also immer ein Gefälle vom noch nicht Verstehbaren zum Verstandenen, und dieser Vorgang, dieses Verständlich-machen vollzieht sich in umgangssprachlicher Form. Aber auch in der Umgangssprache bleibt jene „Mehr-meinung“, jener transzendierende Sinn erhalten, der die Aussage zu einer religiösen macht. Immerhin führt so die Predigt „vom Mythos zum Logos“, auch das religiöse Verstehen ist ein Verstehen in Vernunft. Das zeigt sich besonders eindrücklich am religiösen Symbol. Man darf es nicht wörtlich nehmen, wenn man nicht seinen Sinn verfehlen will. In ihm ist eine religiöse Wahrheit verschlüsselt, welche durch Interpretation aufgeschlossen und dann, nachdem sie verstanden worden ist, wieder in das Symbol eingeschlossen werden kann. Daß Gott „Vater“ ist, daß wir ihn als „unseren Vater“ im Gebet anrufen sollen und dürfen, das wird nicht durch eine Soziologie der vaterlosen Gesellschaft dementiert, sondern es wird erst durch eine Analyse unseres Bedürfens nach einem „Vaterbild“ begriffen. So verstanden erschließen die Symbole ebenso etwas über „Gott“, den die Predigt zu verkündigen hat, wie über den Menschen, an den sich die Predigt wendet. Daß Jesus der „gute Hirte“ (Joh 10, 12) ist, das kann nicht von poetischen Hirtenvorstellungen oder tatsächlichen Hirtenbegegnungen her interpretiert (und dann natürlich als unzutreffend verworfen) werden, sondern es wird nur begriffen, wenn es die religiöse Wirklichkeit entschlüsselt, für die die Worte stehen. Diese religiöse Wirklichkeit schließt aber immer uns selbst mit ein. So muß das Symbol immer neu erschlossen werden, aber es kann nicht zurückgenommen werden; nicht nur aus Gründen eines gesetzlichen Biblizismus, sondern wegen des in ihm bildhaft repräsentierten Sinnes, der, als im Symbol verschlossen, zu je neuer Erschließung auffordert.

Indem die Predigt interpretiert, macht sie Sinn zugänglich und löst sowohl Verschlossenheiten des Textes wie des Zuhörers. Sie leistet damit mehr als nur gedankliche Mitteilung, sie bewirkt eine Veränderung. Darum ist die Predigt im Vollmaß ihres Begriffs ein „Ereignis", ein faktisches Geschehen, nicht nur eine „Mitteilung von etwas". Sie ist — im Sinne heutiger Sprachtheorie — ein *„Performativ"*, im Sinne der Reformatoren befreiendes Wort, Vollzug der Sündenvergebung, Erleuchtung, Tröstung (consolatio). Darum war die Predigt für die Reformation unerläßlich, Mittelpunkt des Gottesdienstes, nach Luthers Wort: „Aber die Summa sei die, daß es ja alles geschehe, daß das Wort im Schwange gehe ... Es ist alles besser nachgelassen, denn das Wort. Und ist nichts besser getrieben denn das Wort, denn daß dasselb sollt im Schwang unter den Christen gehen, zeigt die ganze Schrift an ..." (Von Ordnung Gottesdiensts in der Gemeine, 1523). — Das Dilemma der Predigttheorie liegt freilich darin, daß dieser hohe Predigtbegriff sich nicht ipso facto in jeder sogenannten Predigt auch realisiert. In der überwiegenden Zahl von Fällen und Versuchen bleibt es beim bloßen Anlauf zum „Ereignis".

Indem die Predigt einerseits in der Umgangssprache geschieht, andererseits aber ein Sonderfall von religiöser Sprache ist, ist sie in eine schwere Zerreißprobe gestellt. Die Umgangssprache ist einem raschen Bedeutungswandel ausgesetzt, wiewohl sich nicht alle Elemente derselben in gleicher Weise wandeln. Modeworte, Slogans, Werbeformeln, Reklameparolen oder was in der Tagespresse Schlagzeilen macht, veralten rasch. Hingegen bleiben, freilich nur in begrenzten Bildungsschichten, Erinnerungen, Zitate, oft auch ganz allgemein Stilelemente, die sich der älteren Literatur verdanken, über Generationen hinweg in lebendigem Bewußtsein und Gebrauch. Sie veralten allerdings im Allgemeinbewußtsein. Sprichworte wiederum sind von erstaunlicher Haltbarkeit. Der Bedeutungswandel der Umgangssprache ist also kein gleichmäßiger Vorgang.

Die religiöse Sprache ist demgegenüber von einer deutlichen Resistenz gegenüber dem Sprachwandel. Das hat Gründe, die in der Religionsgeschichte und Religionsphänomenologie wohlbekannt sind.

Heilige Texte, Formeln und Begriffe, „Worte“ und Überlieferungen gelten als unantastbar. „Heilige Sprachen“ bleiben im liturgischen Gebrauch lebendig, während sie außerhalb desselben zu toten Sprachen geworden sind. Die klassischen Beispiele sind das Latein der Messe im abendländischen Katholizismus und der Bibeltext in Luthers Übersetzung. Änderungen dieses Zustandes (Modernisierungen der liturgischen und biblischen Texte) kommen religiösen Revolutionen gleich und stoßen in der Regel auf leidenschaftlichen Widerstand. Innerhalb der sich wandelnden Umgangssprache werden dann die ihr eingebundenen religiösen Sprachelemente, vor allem biblischer und liturgischer Text, aber auch die Predigtsprache, schnell zur „älteren Sprache“. Die religiöse Sprachtradition fällt hinter die „heutige“ Sprache der Gesellschaft zurück. Das kann dazu führen, daß religiöse Begriffe und Aussagen innerhalb der umgangsüblich gesprochenen Sprache keinen Ort mehr haben, nicht mehr verstanden und zu Leerformeln werden. Ebenso kann das Entgegengesetzte eintreten, daß man nämlich in dem gewaltsamen Versuch, die religiöse Sprache zu modernisieren, die Bedeutungen preisgibt, die bislang nur in einer älteren Sprache aussagbar sind.

Diese Schwierigkeit entspricht genau der Spannung in der Predigt selbst, das noch nicht Verstehbare verständlich zu machen, das im religiösen Symbol Verschlossene aufzuschließen, das Alte in gegenwärtiger Sprache auszulegen. Die religiöse Sprache will in Umgangssprache, und diese Umgangssprache soll für die Vermittlung der christlichen Botschaft aufgeschlossen werden.

4. Die Verantwortung der Predigt und ihre Notwendigkeit

Es ist zu allen Zeiten eine Schicksalsfrage für das Christentum, ob es seine Sache deutlich und unmißverständlich zur Sprache bringen kann. Lange Zeit haben die theologischen Disziplinen an dieser Verantwortung teilgenommen, den christlichen Glauben auszusagen, zu begründen und die Welt christlich zu verstehen. Es ist die Eigentümlichkeit der neuzeitlichen Entwicklung, daß die vordringende historische Kritik den Zeugnischarakter der wissenschaftlichen Theologie in Frage stellt und daß die sich verzweigenden Methoden, bes. der Anschluß der einzelnen Disziplinen an die allgemeinen Nachbarwissenschaften, den Einheitscharakter der Theologie aufheben. Das kommt der Freiheit und Unbefangenheit des Verstehens zugute. Es betrifft ebenso die Exegese wie die systematischen Fächer; sie werden zunehmend zur historischen Kritik der biblischen, kirchlichen und dogmatischen Tradition, und nur auf dem Umweg dieser Forschung ist der Gewinn eigener Überzeugung und die Erkenntnis dessen zu erhoffen, was unser heutiges Christentum trägt. Aber dieses Verstehen führt nur bis zu der Schwelle, an der wir zur eigenen Stellungnahme aufgerufen sind. Die Last der Verantwortung für die unmittelbare Bezeugung der christlichen Botschaft verlagert sich in dieser Situation mehr und mehr auf die Predigt allein, und die Lehre von der Predigt ist im eminenten Sinn ein Sprachproblem geworden, nämlich eben dieses, das Christliche selbst für die Gegenwart auszusagen.

Viele christliche Aussagen können nur noch als Predigt und in der Predigt zur Sprache gebracht werden. Die Kritik der Gegenwart, das Leid und das Leiden, Trost und Hilfe zum Verstehen der Gegenwart, Mut zum Leben, Hilfe zum Glauben, Einladung zur Gemeinde, das Gebet, das sind Themen, welche der Predigt aufgetragen sind. Sie können der Predigt auch vom gedruckten Wort (den „erbaulichen Schriften") nur in sehr begrenztem Umfang abgenommen werden; denn der Druck neutralisiert das lebendige Wort, und das Lesen ist auch in unserer Gesellschaft nicht jedermanns Ding.

Gewiß ist die Predigt ohne „Praxis", ohne „Werke", d. h. ohne Folgen unglaubwürdig. Die konventionelle Form der „Sonntagspredigt" scheint vielfach dem Verdacht auf Unfruchtbarkeit dieser Predigt recht zu geben. Und sie hat in der Tat keine göttliche Verheißung, immer so wie bisher bleiben zu dürfen, keinen Befehl, immer so bleiben zu müssen. Daß die „Praxis" dem gepredigten Wort an die Seite zu treten hat, ist unbezweifelbar. Aber kann die Praxis die Predigt ersetzen? So extravagant diese Frage klingen mag, sie hat dann eine für die Predigt vernichtende Wirkung, wenn der Prediger an Sinn und Zweck des Predigens verzagt. Aber welche „Praxis" könnte denn an die Stelle der Predigt treten? Sozialethik und was sie lehrt: Solidarität der Christen mit der Gesellschaft, aktiver Einsatz gegen die herrschende Ungerechtigkeit, Entlarvung der Unterdrückung sozial Benachteiligter, aber vielleicht auch einfach Besuchsdienste, Tischgemeinschaft u. dgl. Sehen wir davon ab, daß auch in den zu solcher Praxis aufrufenden Parolen ein unkonturiertes bloßes „Wollen" zum Ausdruck kommen kann, so ergibt sich auf jeden Fall die Frage, was denn diese Praxis für einen Sinn haben soll. Wenn die Predigt verstummt, werden die Zeichen der Praxis für den Praktiker selbst undeutlich und für die Welt stumm. Keine Form von Praxis ersetzt dem Menschen das lösende Wort in seiner Not, den deutlichen Ausdruck für seine Hoffnung, den Trost und seine Begründung. Selbst die Liebe bedarf des deutenden Wortes. Darum ist die Predigt notwendig.

Es ist ein Sprachproblem, ob der Prediger seinen Predigtdienst als notwendig empfindet oder nicht. In dem Maße, als er von der Notwendigkeit durchdrungen ist, wächst ihm der Mut zu, zu diesen versammelten Menschen zu predigen, ohne Ansehen ihrer Zahl. Die Überzeugung von der Notwendigkeit beflügelt den Prediger auch zur freien Rede; denn was man sagen möchte und sagen muß, weil es gesagt sein muß, das kann man dem anderen auch in Freiheit, Auge in Auge sagen; man muß es nicht ablesen. Die Predigt ist notwendig — das muß sich umsetzen in die Überzeugung: Ich muß und will jetzt predigen. Es ist der subjektive Zwang, den Paulus 1 Kor 9, 16 von sich bezeugt. Er ist stärker als das Bewußtsein persönlichen Ungenügens.

Die Kirche lebt davon, daß sie nicht verstummt, und darum ist die Predigt in keiner Situation verzichtbar.

Literatur: Sprachprobleme werden im Dienste der Religionskritik geltend gemacht: P. M. van Buren, Reden von Gott in der Sprache der Welt. Zur säkularen Bedeutung des Evangeliums, 1965 (am. The Secular Meaning of the Gospel. Based on an Analysis of its Language). Der Beobachtung der kirchlichen Sprachkrise sind gewidmet: G. Biemer, Die Fremdsprache der Predigt, 1970. H. D. Bastian, Kommunikation, 1971, bes. 100 ff.

Zum soziologischen Hintergrund der religiösen Sprachproblematik: J. Matthes, Religion und Gesellschaft. Einführung in die Religionssoziologie I, 1967. Ders., Kirche und Gesellschaft, Einführung in die Religionssoziologie II, 1969. P. L. Berger, Zur Dialektik von Religion und Gesellschaft. Elemente einer soziologischen Theorie, (1967) dt. 1973.

Zum Problem der religiösen Sprache: G. Ebeling, Einführung in Theologische Sprachlehre, 1971. W. Trillhaas, Religionsphilosophie, 1972, bes. 10. Kapitel (Lit.). A. Grabner-Haider, Semiotik und Theologie, 1973 (bes. III. Teil. Lit.). H. Fischer, Glaubensaussage und Sprachstruktur, 1972.

Über die veränderte Situation in der Zielsetzung der theologischen Disziplinen, bes. der systematischen Theologie, vgl. das Vorwort zur 3. Aufl. meiner Dogmatik, 1972.

REGISTER

Alltagssprache s. Umgangssprache
Altes Testament 32 ff.
Amt 39. 42
Amtshandlungen 11. 69
Anonymität 63
Anrede 54
Anschaulichkeit 49
Apologetik 31. 52
Argument 83 ff.
Aufklärung 29
Ausbildung, theol. 53
Auslegung 30
Außenstehende 12. 62
Autorität 52. 54. 82 f. 84

Barth, K. 2 f. 21. 23. 44. 66. 76
Bastian, H.-D. 15 f. 94
Bedeutungsschwund 87
Bedeutungswandel 97
Begräbnis 69
Begriffe 35
Bekenntnis 40. 41. 82
Bekenntnisgottesdienste 58
Berger, P. L. 89
Berufung 39 f. 42. 43. 48
Bibel 84
Bild 35 f.
Bildungshorizont 80
Bohren, R. 70
Bonhoeffer, D. 15
Buffon, G. L. Leclerc, Graf von 80
Bullinger, Hch. 23
Bultmann, R. 26. 29. 92

Dialog 17 ff. 61
Dialogpredigt 17
Dilthey, W. 26
Distanzierung v. d. Gegenwart 66
Doerne, M. 34
Dogmatik 2 f. 21. 79
Dorfkirche 93
Dorfpredigt 56

Ebeling, G. 26
Einleitung der Predigt 76
Einsetzungsworte 69
einzelner 14 ff.
Engagement 16. 64
Enthusiasmus 43
Entmythologisierung 29
Erfahrung 83 f.
Erwartung 16. 90
Erweckung 6
Eucharistie 41
Evangelium 30 ff. 45 f.
Exegese 21 f. 27
Experiment des Glaubens 84

Fernsehen 61
Fontane, Th. 77
Fragen 85
Freiheit 22
Fremdling 10 ff.

Gadamer, H. G. 26
Gefühl 80. 94
Gegenwart 51. 57. 63. 67
Gemeinde 8
Gemeindegottesdienst 25
Gemeindepredigt 8 ff.
Gesangbuch 80
Geschichtlichkeit 33
Gesellschaft 10 f. 92
Gesinnungsmuster 16
Geyer, Chr. 13
Girgensohn, K. 27
Glaube und Verstehen
s. Verstehen und Glaube

Gleichzeitigkeit 23
Gogarten, Fr. 44
Gottesdienstordnung 10
Gruppe, marginale 89

Heidentum 8
Heilsgeschichte 33
Hermeneutik 26
Hochzeit 69
Homiletik 1. 5 f.
Homilie 20. 26. 77
Hörerkreis 11

Ideologie 64 f.
Information 58 f. 66. 78
Interpretation 28. 30. 95

Journalismus 58. 59. 66

Kasualien 69 ff.
Kierkegaard, S. 29
Kindertaufe 69
King, M. L. 15
Kirche 5. 82
Kritik an der K. 12
notae ecclesiae 5. 39
K.-politik 46
sichtbare K. 39 f.
K.-zucht 71 f.
Kirchenjahr 26. 41
Klassiker 80
Kommunikationstheorie 16. 52
K.-technik 62
K.-verlust 53 f.
Konfessionen 10. 58. 60
Konkurrenz 58 f.
Kontakt 52
Konvention 42
Korrelation 36
Kriegspredigt 56
Kritik, histor. 27

Lasswell, H. D. 15
Legitimation 39 f. 48
Lessing, G. E. 29
Lesung (lectio continua) 20
Liberalismus, kirchl. 11. 13. 57. 81
Liturgiegeschichte 20
Logik 75. 85
Luckmann, Th. 89
Luther, M. 15. 21. 91. 97 f.

Martyrium 43
Massenmedien 59 ff. 62
Meditation 34 ff.
Methode 49
Minderheit, kognitive 89
Missionspredigt 8 f.
Modernität 54. 63
Moral, allg. 32. 81
Musil, R. 96
Mythologie 91

Naturwissenschaften 53
Naumann, Fr. 13
Neuheit 9. 25
Neutralisierung, Neutralität 64. 66
Neuzeit 58. 98
Nichtchristen 8

Öffentlichkeit 9 ff. 62 f.
Ordination 48
Ordnungsrahmen 41 ff.

Paulus 43
Performativ 97
Perikopen 20. 26
Person, Persönlichkeit 50. 52
Personalgemeinde 11
Phantasie 49
Poesie 91
Polemik 51
Politisches Nachtgebet 58
Praxis 4. 32. 99
Predigt — Einleitung
Geschichte der P. 1
Kirchlichkeit der P. 44
Länge der P. 92
Lehrp. 78
P.-meditation 34

Monopolstellung der P. 58
P.-nachgespräch 18
Notwendigkeit der P. 99 f.
politische P. 59. 67
Schluß der P. 77
seelsorgerische P. 14 f.
P.-sprache 87. 89
Teile der P. 76 f.
Thema-P. 76
P.-zwecke 3
Prediger 48 ff.
Presse 59
Privatsprache 91
Protestantismus 48
Prophetie 42 f.

Qualifikation zum Prediger 48

Reformation 21. 43
Regeln, formale 76
Religiöse Rede 13
Religiosität, allg. 61. 73
Ressentiment 66
Rhetorik 77
Rittelmeyer, Fr. 13
Rundfunk 15. 59 f.

Säkularisierung 12
Sakramente 44. 60. 69
Savonarola 58
Schleiermacher 12. 13. 18. 26 f. 57. 69. 89
Seelsorge 14. 69. 73
Selbstkontrolle 81 f.
Selbstkritik 87
Semantik 16
Sendung 41
Sermon 21
Situation 21. 25. 32. 46. 56. 64. 71
Soziologie 18
Sprache — S.-barriere 89
S.-niveau 92 f.
S.-probleme 87
religiöse S. 75. 90. 94
S.-spiele 94
S.-stil 93
S.-traditionen, religiöse 98
S.-wandel 42
Stilbewußtsein 81
Superioritätsgefühl 54
Symbol 36. 96

Technik 53. 59 f. 63
Textbindung 8. 21. 22. 41
textlose Predigt 22
freie Textwahl 26. 41. 71
Theorie 64
Theologie 79. 91
Tillich, P. 13. 30
Torres, C. 15
Tradition 21. 25. 26
Transzendieren 94
Trauung 69

Übersetzungen 27
Überzeugung 85
Umgangssprache 75. 88. 90

verbum visibile 44
Verfolgung 46
Verfremdungseffekt 27
Vernunft 22. 75. 96
Verstehen und Glaube 28 f. 81. 95
Vorbereitungsgespräch 17
Vorurteile 82

Wahrhaftigkeit 78. 81
Wahrheiten, allg. 32. 75
Wahrheitspflicht 59. 91
Weissagung und Erfüllung 34
Wertvorstellungen 65
Wirklichkeit, soziale 78. 82
Wirtschaft 53
Wort Gottes 3. 30. 64. 82
Wunder 52

Zeitgeist 64
Zeitkritik 58. 65
Zeitstil 78. 80
Zeugendienst 45